おいしい！カンタン！
玄米ごはん

石澤清美

玄米で、美人になる

「美人」って、なんでしょう。
体が健康で、素肌がきれいで、気持ちが安定している人。
そばにいる人まで気分がよくなるような、
そんな人がほんとうの「美人」なのでしょう。
そのためには、体の内側からきれいになりましょう。
いらないものを捨て、必要なものにみがきをかける。
それを実現させてくれるのが、玄米ごはんです。

体の中から きれいになる力

玄米とは、収穫した米から、もみ殻だけを外した状態のお米です。果皮、種皮、ぬか層、胚芽といった部分には、ビタミン・ミネラル、そして食物繊維がたくさん含まれています。これらは、白米に精製するときに削られてしまう部分ですが、これらが残されているのが玄米です。特に果皮や種皮はゴソゴソした食感で、決して食べやすいものではありません。でも、これこそが、腸を掃除する食物繊維。ほかにも体に必要な栄養素をたくさん含んでいて、体の中からきれいにしてくれる力となるのです。

美 肌

肌を美しく保つには、肌の新陳代謝を促すビタミンやミネラルがとても大事。トラブルが少なく、生き生きと健康的な素肌に導く玄米です。

デトックス

玄米は食物繊維の倉庫。腸にたまったものを一気に出します。出したあとは、体にいいものが吸収されやすくなるのがデトックス効果。

やせる

玄米は白米とカロリーは大きな差はありません。よくかんで食べ続けることで少ないエネルギー摂取で満足できる体に変わります。

玄米ごはん ＋ 汁物
これだけで、バランスメニューが作れる
▼
おかずはシンプルでOK！

栄養バランスをとること、実は簡単です。玄米にはビタミン・
ミネラルが豊富、穀類だからもちろん炭水化物です。
玄米ごはんと汁物に、肉や魚、豆腐
といったタンパク質、新鮮な野菜を足せばいいのです。

玄米食って とってもカンタン！です

玄米食は、一見むずかしそうですが、普通に毎日白米を炊いている人にとっては、むずかしいことは全くありません。お米を浸す時間と、炊く時間が少し長いだけ。和食のイメージが強いかもしれませんが、和洋中どんなおかずにもアレンジにも、おいしく合うのが玄米です。冷凍・解凍しても栄養分が損なわれることもありません。白米を食べるのと同じ感覚で、今日から始められますね。

お米を とがなくてOK

玄米はギチギチとぐと大事な栄養が含まれている部分がとれてしまうので、さっと洗うだけ。そのほうがいいのです。

冷凍→チン！ もちろんOK

炊くのに時間がかかる分、一度にたくさん炊いて小分け冷凍すればさらに簡単です。栄養価も変わりません。

アレンジ自在

ドリアやパエリア、チャーハンやリゾットにも合います。独特のぷちぷちした食感で、白米よりもおいしく感じるかも!?

ただ玄米にかえるだけ

GI値…マイナス3割

血糖値が急上昇しないことがダイエットにも◎

空腹時にGI値の高い食品を食べると血糖値が急上昇し、そのあと急降下します。このコントロールがうまくいかなくなると、常に甘いものを欲する状態になりダイエットの敵に。玄米は血糖値を大きく上下させない（＝GI値が低い）食品です。消化がゆっくりなので、食べたあとも眠くなりにくいのも特徴。

食物繊維…3倍

便秘解消！腸の中をすっかりきれいに

便秘になると、おなかがぽっこりするだけでなく、肌荒れ・吹き出物の原因にも。果皮や種皮が、玄米独特のゴソゴソとした食感になる部分ですが、ここにこそ、腸の大掃除をしてくれる食物繊維がぎっしり。

ビタミンB6…10倍

疲れにくくて持久力のある体にしてくれる

ビタミンB群はタンパク質を分解するのに必要で、疲労物質を解体する働きもあります。疲れにくいということは、それだけ持久力のある体。玄米の胚芽部分にたっぷり含まれています。

白米と違うのは、玄米にはビタミン・ミネラルの宝庫ともいえる部分が残されていること。白米に精製するときに捨ててしまうこの部分、お米の栄養ジャケットを脱がさないで食べるから、健康で美人になるというわけです。栄養をくまなくとるためにもよくかんで食べましょう。

栄養価を比べてみると…

（100gあたり）

	玄米	白米
エネルギー（kcal）	350	356
GI値	55	81
食物繊維（g）	3.0	0.5
カルシウム（mg）	9	5
ビタミンB6（mg）	0.45	0.12
葉酸（μg）	27	12

GI値以外は『五訂増補日本食品標準成分表』より

\\ よくかんでね /

現代女子に不足しがちな
ビタミン・ミネラルが豊富。
なによりも食物繊維がすごい！

玄米

白米

「かむ力」が少なくても、
おいしく食べやすく、消化しやすい

おいしい！カンタン！
玄米ごはん INDEX

「玄米おにぎり」って、クセになるおいしさ ……… 34
水分多めに炊いて、
ラップに包んでにぎればまとまります

もっと体にいいと話題「発芽玄米と発酵玄米」 ……… 36
ちょっと丁寧に時間をかけて
もっと栄養をとり込みやすく

保存方法 ……………………… 38
おいしさをキープするため空気と光を遮断。
できれば冷蔵庫保存がベスト

Part 2

栄養バランスも考えました！
玄米ごはん　献立編

Menu・001
カフェ風　しょうが焼きワンプレートごはん　40
ふっくらジューシーしょうが焼き／ブロッコリーのごま
マヨネーズ／かぼちゃとプチトマトのみそ汁

Menu・002
ピリ辛と玄米が合う！
野菜たっぷりスパイシーカレー　42
かぼちゃと豚肉のスパイシーカレー／せん切りキャベ
ツのコンソメスープ

Menu・003
レモンでさっぱり
鮭ときのこのローカロリーディナー ……… 44
鮭ときのこのフライパン蒸し／キャロットラペ・オレン
ジプラス／長いもとめかぶのスープ

Menu・004
たまにはベジタリアン
ゴロッと野菜の和風ベジ定食 ……… 46
あずき入り玄米ごはん／ごま油が効いたけんちん汁
／ゴロゴロにんじんと里いものこんぶ煮／青梗菜と
おつゆ麩のごまあえ

Prologue

玄米で、美人になる ……………… 4
体の中からきれいになる力 ……… 6
玄米食ってとってもカンタン！です … 8
ただ玄米にかえるだけ ……………… 10

Part 1

炊き方・食べ方から始めよう
玄米ごはん　基礎編

種類と選び方 ………………………… 16
「玄米」にもいろいろ種類があります。
できるだけ無農薬のものを選ぶことから

下準備 ………………………………… 18
ステップは、量る→浸す→水加減。
白米と違うのは、浸す時間が長いことだけ
下ごしらえのQ&A

炊く ……………………………………… 22
炊く調理器具によって少しずつ違います。
初心者さんは、まずは炊飯器におまかせコース！

「早く炊きたい！」ときの裏ワザ ……… 26
熱で玄米の「殻」を破れば、早く炊けるように

「冷凍保存」が便利、
4合で2人で3日分 ………………… 28
玄米を便利に続けたいなら
一度にたくさん炊いて冷凍を

「白米とブレンド」すると始めやすい … 30
玄米の食感にだんだん慣れていくならブレンドで

豆や雑穀などを「まぜて炊く」と
さらにおいしい ……………………… 32
食感だけでなく、栄養のバランスもパーフェクトに

[コラム]
ごはんだけじゃなく
パンやめんも楽しみたい！ ………… 64

Part 3

玄米力をアップする
野菜のおかず編

肌、ツヤツヤになる！ ………… 67
かぼちゃと枝豆のうま煮／たたきごぼうのごま酢あえ
／ほうれんそうと切り干し大根のごまあえ

むくみスッキリ！　美脚になる ………… 70
レンズ豆とセロリのスープ／おからの五目煮

冷えない体で代謝UP ………… 72
かぼちゃと松の実のソテー／小松菜のチャンプルー

肌トラブル注意報！ ………… 74
大根の皮のしょうが漬け／高野豆腐と海藻の中国風
サラダ／茎わかめともやしのしょうがいため

疲れをためない！ ………… 77
アスパラのキャベツ巻き／キャベツのソテー・くるみ
ソース、かぼちゃのレーズンサラダ

生理痛とサヨナラ ………… 80
大豆のミネストローネ／生ゆばと大根のさっぱり梅あ
え

PMSをラクにする ………… 82
白いんげん豆とカリフラワーのサラダ／おからみそド
レッシングの蒸し野菜サラダ

風邪ひきそう…体あっためメニュー … 84
れんこんのムニエル・黒酢ソース／れんこんと小松
菜のもちもちお焼き

ひと頑張りするときに ………… 86
根菜たっぷり煎り豆腐／大豆のハンバーグ／高野豆
腐の野菜あんかけ

Menu・005
麦ごはんよりおいしい！
アボまぐとろろどんぶり ………… 48
アボまぐとろろどんぶり／青梗菜のからしじょうゆ／
シャキシャキ大根のすまし汁

Menu・006
お母さんの味
たけのこと厚揚げ煮ほっこり晩ごはん …… 50
押し麦入りごはん／たけのこと厚揚げのほっこり煮
／もやしと万能ねぎのみそ汁／キャベツとわかめの
サッパリしょうが酢あえ

Menu・007
おなかいっぱい！
チキンのトマト煮栄養バランスセット …… 52
チキンのトマト煮／ベビーリーフのプチサラダ／洋風
かき玉スープ

Menu・008
さらにデトックス
山菜かき揚げ&炊き込みごはんセット …… 54
ひじきの炊き込みごはん／小松菜と麩のみそ汁／た
らの芽と新玉ねぎのかき揚げ／ふきと油揚げの煮物

Menu・009
バランスGOOD！　照り焼きチキン弁当 …… 56
照り焼きチキン／オクラのおひたし／ひじきサラダ／
ごまかけごはん

Menu・010
洋食屋さん風
卵とろとろオムライスセット ………… 58
卵とろとろオムライス／えのき入りクリーミーコーンスープ

Menu・011
頑張る日の味方！　**赤いおにぎりセット** …… 60
赤米入り玄米おにぎり／せりと油揚げのみそ汁／菜
の花の塩こんぶあえ

Menu・012
おなかにやさしい
玄米の10倍がゆ　体いたわりセット ……… 62
玄米の10倍がゆ／大根とにんじんの即席みそ漬け
／れんこんとこんぶのつくだ煮風

おいしい！カンタン！
玄米ごはん INDEX

焼きおにぎりアレンジ ⋯⋯⋯⋯ **114**
三色焼きおにぎり／ほっくり温野菜の串刺し／長いものすし酢漬け

玄米だんごアレンジ ⋯⋯⋯⋯ **116**
ロール白菜とだまっこの煮込み／かぼちゃの塩いとこ煮

［コラム］
「玄米茶漬け」でほっこりしたい♡ ⋯⋯⋯ **118**

Epilogue
玄米まとめ

**公開！リアル玄米ライフ　玄米食
始めたら、いいことありました♪** ⋯⋯⋯ **120**

材料別INDEX ⋯⋯⋯⋯ **122**

**おいしい玄米ごはんで、
健康美人になりましょう** ⋯⋯⋯ **124**

レシピについて
＊材料は、2人分を基本にしています。まとめて作ったほうが作りやすい場合はその人数分、P56のお弁当は、1人分にしています。
＊電子レンジの加熱時間は、出力600Wを目安にしています。500Wの場合は、1.2倍を目安に様子を見ながら加減してください。
＊1カップは200ml、1合は180ml、大さじ1は15ml、小さじ1は5mlです。
＊材料に「玄米ごはん」と書いてあるのは、炊いた玄米のことです。米そのものを使う場合は「玄米」と表記しています。
＊材料が2人分以上の場合も、カロリーはすべて1人分の数値を表記しています。
＊「油」とあるのは、植物油のことです。

体を温めるスープたち ⋯⋯⋯⋯ **89**
里いもとキャベツの豆乳チャウダー／干しゆばと切り干し大根のスープ／さつまいもの具だくさんさつま汁／なすと青じそのみそ汁／里いもとなめこのみそ汁／とうもろこしのポタージュ／根菜たっぷりの押し麦スープ／レタスとしょうがのすまし汁／おろしかぶら汁

Part 3
新しい食べ方発見！
玄米ごはんアレンジ編

パエリアアレンジ ⋯⋯⋯⋯ **96**
プリプリえびの玄米パエリア

チャーハンアレンジ ⋯⋯⋯⋯ **98**
キャベツとひじきのごぼうチャーハン／にんじんとわかめのチャーハン

キッシュアレンジ ⋯⋯⋯⋯ **100**
玄米ドリア風キッシュ・ロレーヌ

すしアレンジ ⋯⋯⋯⋯ **102**
梅干しと水菜の手巻きずし／五目ちらし玄米ずし

おかゆアレンジ ⋯⋯⋯⋯ **104**
長いもとクコの実の薬膳風おかゆ／きび入りさつまいも玄米がゆ

リゾットアレンジ ⋯⋯⋯⋯ **106**
ロールキャベツ玄米リゾット／小松菜の玄米リゾット

おにぎらずアレンジ ⋯⋯⋯⋯ **108**
具だくさん玄米おにぎらず

お好み焼き風アレンジ ⋯⋯⋯⋯ **110**
ブロッコリーとかぼちゃの玄米お焼き／豆苗ののりあえ／玄米とれんこんのもっちりチヂミ

サラダアレンジ ⋯⋯⋯⋯ **113**
ミックス豆のライスサラダ

Part 1

炊き方・食べ方から始めよう

玄米ごはん
基礎編

初めて玄米を炊いてみることからスタート。
おいしく、栄養をしっかり消化する食べ方を紹介します。
始めてみたら、意外と簡単。特別な道具もいりません。
さあ、今日から始めてみて！

1 選び方

「玄米」にもいろいろ種類があります。できるだけ無農薬のものを選ぶことから

｛ お米見比べ ｝

七分づき米
玄米からぬか層を7割除いた状態。最も白米に近いので、初めて玄米を食べてみようという人におすすめ。五分づき、三分づきと玄米に近づくので少しずつステップアップしても。

玄米
果皮、種皮、ぬか層や胚芽が残っているので、色も茶色っぽく、もみ殻が残っていることも。表面の果皮は衝撃に弱く、ぬか層は脂質を含むので傷つくと酸化しやすくなります。

胚芽精米
玄米からぬか層だけを除いて、胚芽を残した米。栄養的には玄米と白米の中間。ビタミンB₁とEは胚芽に集中しているので、豊富に含まれています。

発芽玄米
1mmほど発芽させて止めた製品。果皮や種皮がやわらかくなって消化がよくなり、生活習慣病予防に役立つ成分や脳内伝達をよくするGABAも豊富。

玄米は、精米して白米にするときに通常とり除いてしまう果皮、種皮、ぬか層、胚芽が残っています。ここにはビタミン・ミネラル、食物繊維が豊富に含まれている栄養優秀食品。でも、栄養が多い部分には、有害物質もたまりやすいという側面も。選ぶときはしっかり安全性を確かめましょう。できるだけ無農薬、有機で栽培されたもの、生産者のバックグラウンドがよくわかるものなどを選ぶようにするといいでしょう。少量の袋で買ってみて、だんだん好きなブランドをしぼり込んでもいいですね。

Part1 基礎編

たとえばこんな「姿」で売られています。

スタンダードな玄米

ただ「玄米」と書いてあるのがスタンダードな玄米。精米していない、もみ殻をとっただけの状態の米。水の浸し時間、炊く時間を工夫すれば、初めてでももちろんおいしく食べられます。

スーパーのお米コーナーで何をどう選ぶ？

意外といろいろな種類がある玄米。中には手早く炊ける精米状態になっているものや白米と水加減が同じものもあるので、このページを参考に、小さい袋から買ってみるといいでしょう。

水加減が白米と同じ

通常の玄米だと白米の1.3〜1.5倍の水加減で炊きますが、白米と同じ1：1でもふっくら炊きあがる加工タイプ。白米とブレンドするときにもわかりやすくていいでしょう。

早炊きタイプ

果皮が残っている分、水が浸透しづらいのが玄米ですが、水の浸し時間が短くても炊ける状態に加工してあるのが早炊きタイプ。

more! レトルトもうまく利用すると、忙しくても続けられる！

玄米ごはんのよさも知っているし、味も好きだけど、忙しすぎて炊く前に浸す時間がない！というときには、炊いた状態のレトルトがおすすめ。雑穀と合わせたもの、おかゆなど、バラエティ豊かにあります。

...2...
下準備

**ステップは、量る→浸す→水加減。
白米と違うのは、浸す時間が長いことだけ**

1 { 量る }

量り方は白米と同じ。
米用の1合（180ml）のカップでも
調理用カップ（200ml）でもOK

量るものはなんでもOKですが、1合（180ml）単位だったのか、調理用カップ（200ml）単位だったのかは覚えておきましょう。お米を量ったカップを使って、その1.3～1.5倍の水で炊く、ということになります。

まずは、玄米の量を量ります。計量カップに玄米を入れて、上の部分をすり切ります。お菓子のレシピとは違うので、それほど神経質にならなくても大丈夫。量ったあと、水に浸す時間が白米よりも長いですが、炊飯器のタイマーを使う場合は炊飯器の内釜に直接入れてもいいし、長時間浸す場合は別容器に米を入れます（左ページ参照）。

カップはなんでもOK！

炊飯器では1合＝180ml単位のカップで量りますが、水との比率がわかればどんなカップでもOK。

- 18 -

Part1 基礎編

2 { 浸す }

さっと洗ったら、水に3時間から一晩 じっくり時間をかけて浸します

もみ殻やゴミをとり除きつつ、水を2回ほどとりかえて洗う

玄米を白米のようにといでしまうと、大事なぬか層が傷ついて水溶性のビタミンなどはとけ出してしまい、もったいないことになってしまいます。もみ殻やゴミをとり除きながら、さらっと洗って2回くらい水をかえれば十分。

「とがないで!」

白米をとぐように、ぐっと力を入れてとぐのはNG。手指でさらさらとかきまぜるだけでOK。

水に浸して3時間から一晩おきます

水に浸す時間が長いほど、炊きあがりはやわらかく食べやすくなります。気温が高くない季節は、炊飯器や鍋に水加減までして浸して常温でおき、そのまま炊いても大丈夫です。

気温が高い季節は冷蔵庫でキープ

玄米の栄養庫・ぬか層は油分を含み酸化しやすいので、夏場は、浸す間は冷蔵庫で、が安心。

3 {水加減する}

米をざるに上げて水きりして、米の1.3〜1.5倍量の水を入れます

長時間水に浸した場合、においが気になるようなら、一度ざるに上げて水きりして、新鮮な水で炊きます。気になるにおいがしなければ、浸した水でそのまま炊いてOK。

米を量ったカップを使って水を量りましょう

米を量ったのと同じカップを使い、米1カップにつき、水はカップ1杯分と、1/3〜1/2の目盛りまでの水を入れれば、計算しなくて大丈夫。米を量ったのと同じカップを使いましょう。炊飯器の場合は、「玄米」の目盛りに合わせて。

浸し時間で、米の膨らみぐあいがハッキリ違います

24時間後　←　浸してすぐ

吸水に時間がかかる玄米、通常は3時間ほどの浸し時間でもOKですが、24時間浸しておくと、見た目にも違いがはっきりわかります。これだけ米の芯まで水が入ると、内側からふっくらと炊きあげることができます。

Part1 基礎編

下ごしらえの Q & A

Q1 白米と玄米の炊き方との違いは？

A1 浸す時間と**蒸らし時間**が長いことくらい

米を炊くプロセスとしては大きな違いはありません。ただ、果皮やぬか層で守られている玄米は水が浸透しにくいので、浸し時間と蒸らし時間を長くします。ここを短縮すると、ゴソゴソして食べにくい炊きあがりに。

Q2 やわらかめに炊きたいけど、どうしたら？

A2 水加減の量も大事だけれど、**浸す時間が長いほう**がやわらかくなる

白米の場合は、水加減の量でやわらかさを調整しますが、玄米の場合は、浸すのに時間をかけることがとても大事。冷蔵庫など低温の場所で、丸2日くらい水につけてもいいのです。その場合は炊く前に水をかえましょう。

Q3 浸すのも炊くのも、水はなんでもいい？

A3 水道水、浄水、ミネラルウォーターでもOK

水はどんなものでも大丈夫。硬水で炊いても問題ありません。また、炊き始める直前の水が冷たいほうが、じっくりと熱が伝わるのでよりふっくら炊きあがります。

Q4 せっかく炊いたけど、食べにくいと思ったら？

A4 炊いた白米とあとから**まぜてもOK**

炊きあがってみたものの、やっぱり食感に慣れない、と感じたときは、炊いた白米と合わせてみては。また、スープなどでリゾット風にもう一度煮ると、やわらかくなって食べやすくなります。

3 炊く

調理器具によって少しずつ違います。初心者さんは、まずは炊飯器におまかせコース！

ここでは2合ずつ炊いていますが、1〜5合くらいなら炊く時間の長さは変わりません。

{ 炊飯器 }

水加減も目盛りどおりで、スイッチオン。いちばん簡単です

玄米モードがある炊飯器を使って

白米を炊く場合よりも、長い時間をかけてじっくり火を通していくのが玄米モード。蒸らし時間も長いので、同じ量の白米を炊くよりも時間はかかります。でも、とにかくスイッチを押すだけ。簡単です。

ほかの調理器具より時間はかかるけど簡単

60分で炊きあがり

火加減を調節することもなく、ほったらかしにして約1時間。炊きあがりはお米が立っている証拠の「カニの穴」もできておいしそう。

{ 🍲 ル・クルーゼ }

水は少なめでもOK！炊く時間は鍋と一緒

弱火にしてから20分＋蒸らし20分

鍋と蓋が厚く重いので、多少の蒸気では蓋も揺らがず、鍋の中全体にじっくり火が回ります。初めは中火で、蓋の縁から蒸気が見え始めたら弱火にして20分。蒸らす間も熱が逃げないので、水が少なめでもやわらかく炊けます。

火加減

水は最小限でもふっくら

50分で炊きあがり

水は、米の1.3倍でも十分ふっくら炊きあがります。圧力鍋ほどではありませんが、米の内側まで熱がしっかり伝わります。

Part1 基礎編

{ 鍋 }
最後に強火にするとおこげもできる

火加減しだいで、好きな炊きあがりに

基本は、はじめ中火で、蓋から蒸気が上がってから弱火にして20分、火を止めて蒸らし20分。炊飯器のようにほったらかしにはできませんが、煮物に使う普通の鍋で、今日からすぐに炊くことができるのがいいところでもあります。

火加減

50分で炊きあがり

蒸らし時間のとり方でも加減を

最後に再び強火にするとおこげができて、蒸らし時間を長くすると粘りけが出ます。

{ 圧力鍋 }
米を洗ったらすぐに炊き始められる！

ピストンが落ち着いてから約15分

圧力鍋で炊くときは、米は洗って水加減したら、浸す時間をとらずにいきなり炊き始めてOK。中火にかけて、ピストンが動き始めたら、弱火よりも弱いとろ火で15分。火を止めてピストンが下まで落ちてから15分蒸らします。

火加減

「カニの穴なし」、の炊きあがり

45分で炊きあがり

何度も「おねば」（米が水にとけた膜）が上がって米をおおうのでカニの穴はなし。それだけ粘りけがあるということ。

米は浸さずそのまま

熱だけでなく圧力で米の芯までやわらかくするので、米の浸し時間は0分でOK。

炊きあがり見比べ

{ 炊飯器 } カンタンNo.1

かむのが楽しくなる歯ごたえに

ごく普通のかたさに炊ける炊飯器炊き。炊く前の米の浸し時間によって、やわらかさを好みに調整してみましょう。玄米×やわらかめ、玄米×おかゆなどモードがいろいろあるので、試してみて。

向いているメニュー
浸し時間にもよりますが、バラリとした炊きあがりになりやすいので、チャーハンにしたり、汁物などに合います。

プロセスとしては、普通の鍋で炊くのと変わりませんが、鍋も蓋も厚く重い分、熱がじっくりと伝わるので、ゆっくり分解されたデンプン質の甘みが引き出せます。比較的もっちりとした炊きあがり。土鍋でも同じような炊きあがり。土鍋の場合は、蒸気穴を箸をさしてふさいで密閉するといいでしょう。

向いているメニュー
なんといっても鍋の見た目がおしゃれなので、玄米を主役にした料理に。炊き込みごはんを炊いて、鍋ごとテーブルへ。おもてなし料理にも◎。

{ ル・クルーゼ } おしゃれNo.1

遠赤外線効果でじっくり加熱で甘みが増す

Part1 基礎編

お手軽 No.1

{ 鍋 }
自分の好きな炊きあがりに カスタマイズしやすい

水加減も火加減も、自在に変えやすいから、お好みの炊きあがりにできます。圧力鍋ほどのもっちり感はむずかしいですが、浸し時間と蒸らし時間と火加減によってやわらかくもかためにも炊けます。好きな炊きあがりを研究する楽しみは、鍋ならでは。

向いているメニュー
炊飯器の炊きあがりに近いですが、チャーハンなど、バラりとした食感がほしいメニューに。おかゆを炊くのにも◎。

浸し時間が0分とは思えない、もちもちの炊きあがりは、他の鍋では再現できない食感。玄米特有の食感が好きな人には少し物足りないかもしれませんが、消化もよくなるのでおなかの調子が悪いときには、圧力鍋で炊いた玄米がいいでしょう。

向いているメニュー
粘りけがしっかりあるので、ごはんがバラバラにならずまとまり、おにぎりやおにぎらずを作るのにぴったり。

もっちり No.1

{ 圧 力 鍋 }
もちもちとした粘りけは 圧力鍋がナンバー1

「早く炊きたい！」ときの裏ワザ

Brown Rice

熱で玄米の「殻」を破れば、早く炊けるように

玄米には、果皮や種皮があり、米の表面を殻のようにおおっています。その殻の隙間から少しずつしか水が入らないので、長い時間水に浸す必要があるのです。でも、すぐに食べたい！というときは、この殻を加熱することで破ってしまいましょう。浸水する前に煎る方法は、まさにこの考え方。ただし、熱を加えると米は欠けたり割れたりしやすいので、きれいな形にはなりません。そのかわり、香ばしさが加わって独特のおいしさになります。

{ 保温ジャーでもどし時短 }

・浸し…60分 ・炊き…30分
・蒸らし…20分

洗って水けをきった米を保温ジャーに入れ、熱湯を米と同量注ぎ、蓋を閉める。途中でジャーを上下入れかえるようにゆるく振る。

炊飯器や鍋などに移して、普通に炊いてできあがり。浸水のしかたにむらができるので、おかゆに近い食感部分がまじる炊きあがりに。

{ 二度炊き }

・浸し…0分 ・炊き…30分
・蒸らし…20分

洗った米1合と同量の水で炊き始める。中火で煮立ったところに水150mlを足し蓋をして、同じように再び煮立ってきたら弱火にして15分炊く。火を止めて20分蒸らして完成。

{ 煎り炊き }

・浸し…0分 ・炊き…25分
・蒸らし…15分

米1合を洗って水けをきり、乾いた鍋を火にかけて米を入れて水けがなくなるまで、木べらでよくまぜながら煎る。

7〜8分たってパチパチとはぜるようになったら、米と同量の水を入れて煮立ったら弱火にし、蓋をして15分炊きます。

火を止めたあと、蓋をしたまま約15分蒸らして完成です。全体がおこげのような仕上がりに。

水を入れる前に米の殻をから煎りして破ったところに水を加えるので、米の形はかなりこまかくなり、パラパラした仕上がりになります。水加減を多くすると、もちもちというより雑炊のような感じの仕上がりに。

> **Part1** 基礎編

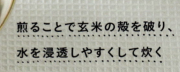

多少のむらはできるけど、
浸し時間0分で炊き始められる

> 煎り炊き

煎ることで玄米の殻を破り、
水を浸透しやすくして炊く

早炊き米として
売られている
玄米もあります

水が浸水しやすいように加工された状態の玄米もあります。傷みやすいので保管は冷蔵庫で。

「冷凍保存」が便利、4合で2人で3日分

Brown Rice

玄米を便利に続けたいなら一度にたくさん炊いて冷凍を

玄米は、浸すと炊くのに時間がかかるから、少量ずつこまめに炊くよりも一度にたくさん炊いてしまうほうが楽ですね。ひとり暮らしだったり、家族がいても自分しか食べないような場合は、冷凍してしまうのが便利。冷凍・解凍しても栄養価はほとんど損なわれないし、うまみも変わりません。目的別に冷凍しておけば、炊きたてを使うよりも便利な場合も。残業で疲れて帰宅した日も、チンしてすぐに食べられる冷凍玄米、ストックしておきましょう。

スタンダード **多目的** 用

解凍しやすいように平たく広げてまとめて

1食分の量、約160gを平らにまとめます。こうすると熱が伝わりやすくなるので、冷・解凍時間が短縮できます。解凍したごはんは、チャーハンにしたり、オムライスみたいに調味料をまぜたりするのが合うでしょう。

1食

4合 ÷ 160g
=
約8食分

冷凍するときは金属のバットにのせると熱が早く冷めて、効率よく冷凍することができます。

- 28 -

Part1 基礎編

ラップに包んで三角おにぎりに

ごはんが温かいうちのほうが、まとまりやすいので、ラップでざっと包んだらおにぎり形ににぎってしまいましょう。大きさはお好みで。2個でお茶わん1杯分くらいがスタンダードサイズです。

お弁当にも！おにぎり用

にぎったごはんは、解凍したらそのままお弁当として持っていくことも。

1食
4合÷80g
＝
約16食分

冷凍庫の中でバラバラと散らからないように、ビニール袋などに入れておくととり出しやすい。

お茶わん専用

冷凍用に包んだときと同じ茶わんに入れれば、盛りつけたままの形で解凍できます。

いつものお茶わんにラップを敷いて包む

ごはん茶わんで玄米を食べることが多いなら、そのお茶わんの形で冷凍してしまいましょう。解凍するときも、そのお茶わんで。ラップに包むときはふんわりめに包んでおくと、解凍したときもふわふわです。

1食
4合÷160g
＝
約8食分

「白米とブレンド」すると始めやすい

Brown Rice

玄米の食感にだんだん慣れていくならブレンドで

玄米は、圧力鍋を使ってもっちり炊いたとしても、果皮や胚芽部分の食感があります。その歯ごたえにだんだん慣れていきたいなら、白米とブレンドするのがいいでしょう。はじめは白米多め、次に半々にして最終的に玄米だけに、こんなステップで進めてみて。また、浸し時間が同じだと、玄米には芯が残るか、白米がやわらかすぎてしまうので、別の容器で玄米を浸水させておいて、炊く直前に白米と合わせても。炊飯器の場合は、2：8程度なら白米モードで炊いても大丈夫です。

白米だけの部分も作りたいときは、玄米を鍋の端に寄せるようにして炊いても。

玄米を別容器で長時間浸水させておき、計量スプーンなどですくって白米に合わせると炊いたときに違和感が出ません。

2合分をブレンドするときの割合

玄米：白米	米の割合	水の量	浸水時間
1：3	玄米1/2合、白米1と1/2合	360ml（2合分）+75ml = 435ml	1時間
1：1	玄米1合、白米1合	360ml（2合分）+100ml = 460ml	3時間
玄米のみ	玄米2合	360ml（2合分）×1.4 = 504ml	3時間以上

古代米をプラスすると、さらにもちもちに

32ページで紹介している古代米は、もちもちした食感のものが多いので、玄米とまぜるとつなぎのような役割をして食べやすくなります。

Part1 基礎編

玄米のみ

ここがゴール。食べ慣れると、よくかむことも楽しくなります

玄米 白米 1：1

玄米のぷちぷち食感と、白米のなめらかさ、両方いいとこどりのおいしさ

玄米 白米 1：3

白米だけとあまり変わりません。ときどき感じるぷちぷちがおもしろい

Brown Rice

豆や雑穀などを「まぜて炊く」とさらにおいしい

食感だけでなく、栄養のバランスもパーフェクトに

豆や雑穀をまぜて炊くと、食感が変わります。玄米のパラパラした感じを、ほくほくした豆や、もちもちした古代米でつなぐので、食べやすく感じることもあります。また、ビタミン・ミネラル、炭水化物が豊富な玄米に、豆の植物性タンパク質が加わることで、必須アミノ酸がそろい、玄米豆ごはんだけで完全栄養食になるのです。忙しいときも、玄米豆ごはんさえ食べていれば元気をキープできそうです。

雑穀は単品を買ってきてまぜてもいいし、数種類ブレンドされて、1回分ずつ個包装になっているものもあります。

{ 雑穀・古代米 }

押し麦
米よりも火が通りにくい麦を、蒸気を当ててつぶし、火の通りをよくしたものが押し麦。独特のつるんとした食感があり、食物繊維が豊富。

もちあわ

日本最古の穀物で、米伝来前の主食だったとか。粘りけとうまみもあり、消化もよいので、食べやすい穀類。栄養価も穀類中もっとも高く、タンパク質もビタミンも豊富。

赤米

大陸から伝来した最初の米とされる。収穫量が少ないものの、肥料や農薬なしでも育つほど丈夫。赤い色素は果皮や種皮に含まれるので、玄米でないと赤く炊きあがらない。

黒米

黒米のぬかには黒紫色の色素が含まれており、この色素には抗酸化作用のアントシアニンが豊富。古代中国では滋養強壮効果で珍重された。

{ 豆類 }

あずき
あずきは脂質が少なく、貧血予防に役立つ葉酸と鉄、食物繊維も多く、女性の健康管理に役立ちます。

黒豆
大豆の黒色種。色素成分に抗酸化作用を持つアントシアニンが豊富なことから人気が上昇し、煎り大豆に加工された製品がお茶用に売られていることも。

大豆
豆の中でも、タンパク質、脂質が豊富で、栄養価が高いのが大豆。豆腐、豆乳、みそなどに加工されて日本人には欠かせない豆。

- 32 -

Part1 基礎編

Menu 001　249kcal（1杯分）

あずきと押し麦の炊き込みごはん

+ 材　料（作りやすい分量〈約6杯分〉）
玄米…2カップ
押し麦…大さじ4
あずき…1/3カップ
塩…小さじ1/4

+ 作り方
1　玄米とあずき、押し麦をさっと洗って水3カップに4時間ほど浸す。
2　1に塩を加え、普通の玄米と同様に炊く。

あずきを別鍋である程度炊いておき、玄米とあらためて炊くとさらにやわらかくなります。

Menu 002　235kcal（1杯分）

黒米と黒豆の炊き込みごはん

+ 材　料（作りやすい分量〈約6杯分〉）
玄米…2カップ
黒米…大さじ1.5
黒豆…1/4カップ
塩…少々

+ 作り方
1　玄米、黒米、黒豆を鍋に入れて水3カップを注ぎ、5時間〜一晩おく。
2　塩を加えて、普通の玄米と同じように炊く。

「玄米おにぎり」って、クセになるおいしさ！

ラップに包んでからにぎれば、まとまりやすく衛生的にも安心です。

水分多めに炊いて、ラップに包んでにぎればまとまります

玄米おにぎりも人気です！ パラパラしやすい玄米なので、少し水分多めに、浸し時間を長めにしたり、できれば圧力鍋で炊いてモチモチ感を出します。ラップに包んでにぎると、よりしっかりとまとまります。あとは具を工夫して、保温ジャーに具だくさんのスープを入れてお弁当にすれば、おなかも満足なランチに。玄米は消化がゆっくりだから眠くなりにくく、午後も頑張れそうです！

玄米おにぎりの具 BEST 4

各おにぎりは、玄米ごはん80g程度（茶わん半分）が目安です。
具はそれぞれ中ににぎり込んでもいいし、トッピングのようにしても。

BEST 3　梅こんぶ　135 kcal/個

＋作り方
梅干しの果肉1/2個分と塩こんぶ少々を合わせてにぎる。

BEST 1　おかかみそ　147 kcal/個

＋作り方
削り節一つまみとみそ小さじ1を練りまぜてにぎる。

BEST 4　鮭フレークマヨ　176 kcal/個

＋作り方
市販の鮭フレーク10gにマヨネーズ小さじ1をまぜ、パセリのみじん切り少々を加え、にぎる。

BEST 2　焼きたらこ　146 kcal/個

＋作り方
1 たらこはアルミ箔にのせてオーブントースターで12分ほど焼く。
2 たらこの2cm程度と細ねぎの小口切り少々とにぎる。

Brown Rice

> **Part1** 基礎編

満腹でも、"眠くなりにくいおにぎり"
だから、午後も頑張る日のお弁当に

おいしい塩で
玄米をいっそう
おいしく包んで

おにぎりの仕上げに、おいしい塩をまぶすと、抗菌にもなるし、うまみも引き出せます。にがりを使った甘塩など、おいしい塩があるとおにぎりの玄米も引き立ちます。

もっと体にいいと話題「発芽玄米と発酵玄米」

Brown Rice

ちょっと丁寧に時間をかけて もっと栄養をとり込みやすく

いいことずくめに思える玄米ですが、デメリットも。それは消化が悪いこと。発酵させることで消化の悪さをカバーした「発酵玄米」は、栄養素も吸収されやすくなり、豊富に含まれるとはいえ、微量の栄養素であるビタミン・ミネラルがしっかり体に入ります。

また、「発芽玄米」は、芽が出るときに蓄えられる強いエネルギーをいただきます。長い時間水に浸して、発芽するパワーを引き出した発芽玄米は、GABAの量も多くなり、気持ちを安定させる効果を発揮させます。もうひとつ手間をかけることで、体にもっといい食べ方ができるのです。

水に48時間以上浸して 「発芽玄米」に

After 48hours

たっぷり水を吸った玄米は 白っぽく膨らみます

長時間（48時間〜5日間でも大丈夫）水に浸しておくことで、白く膨らみ、芽は出ないけれど、「芽吹く」方向へと状態が変わります。タンパク質が消化吸収されやすくなります。また、脳内伝達物質の働きをよくするGABAの量もふえるといわれます。たっぷり吸水しているので、水加減は米：水＝1：1でOK。

Part1 基礎編

発酵玄米は炊いてから3日以上ねかせます

炊飯器の保温モードで約3日間、そのままに

普通に炊いた玄米を保温モードで蓋をしたままに。熱の伝わり方が一定になるよう、1日に1～2回かきまぜます。表面が乾かないようにぬらしたキッチンペーパーをのせておきます。

3days & More!

発酵玄米　普通の玄米

比べてみるとわかる！

3日たった玄米は、米粒がつぶれて小さくなっています。これは、発酵が進んだ証拠の形。食物繊維がバラバラになり、ビタミン・ミネラルがより吸収されやすくなります。

雑菌の繁殖を防ぐため、炊飯器はくれぐれも清潔に

炊飯器の中で発酵させる分には、温度が一定なので大丈夫ですが、炊飯器そのものをよく清潔にして、かきまぜるときのしゃもじもよく洗ったものを使用してください。

4 保存方法

おいしさをキープするため空気と光を遮断。できれば冷蔵庫保存がベスト

密閉袋で

できるだけ酸素にふれない状態をキープしたいので、ファスナーつきの密閉できるビニール袋に移すのがベスト。空気を抜きながらファスナーを閉めておきましょう。

✕ NG! 米袋のまま、はNG

1週間〜10日ほどで食べ切れるなら米袋のままでもいいですが、米袋は輸送時に破裂しないようにするため、通気口があいていることがあり、そのまま長期保存すると劣化しやすいのです。

ホウロウ容器で

冷蔵庫で保存するのがベストですが、においを吸収しやすいのも米の特性。ホウロウ容器に移したら、必ず密閉できる蓋をしてください。

ガラスびんで

見た目におしゃれなガラスびんですが、日の当たるところでの保管は避けて。結露しやすくカビもはえやすくなるので、常温で短期間の保存に限ります。

玄米は、白米よりもぬか層がある分、栄養価がありますが、その分、酸化しやすいもの。つまり劣化しやすいのです。基本的に熱、光（蛍光灯もNG）、空気を避けること。そうなると、真冬は除いて、ベストな保存場所は冷蔵庫です。ただ、冷蔵庫はいろいろな食品のにおいがあり、米はにおいを吸収しやすいので、必ず密閉できる容器や袋に移してください。

Part 2

栄養バランスも考えました！

玄米ごはん
献立編

玄米ごはんは、和食以外のメニューと合わせても、おいしい！
いつもの白米ごはんを、玄米ごはんにかえる……
だけではない、新鮮なおいしさにきっと出会えます。
栄養バランスもばっちりな献立集です。

＊カロリー表示は1人分です。

Menu 001

しょうが焼きワンプレートごはん

832 kcal

濃いめの甘辛味のおかずは玄米と好相性。ごはんをしっかりかみながら食べて、ふっくらジューシーに焼きあがった豚肉のうまみが、口の中に広がるのも楽しんで。

ブロッコリーのごまマヨネーズ

＋ 材 料（2人分）
ブロッコリー…4〜5房（100g）
ブロッコリースプラウト…少々
A ┃ すり白ごま…大さじ1/2
　 ┃ マヨネーズ…大さじ2
　 ┃ 練りがらし…少々

＋ 作り方
1 ブロッコリーは小房に切り分け、塩少々を加えた熱湯でゆでる。
2 Aを合わせ、1、スプラウトをあえる。

かぼちゃとプチトマトのみそ汁

＋ 材 料（2人分）
かぼちゃ…100g
玉ねぎ…1/3個（50g）
プチトマト…6〜8個
だし…300ml
みそ…大さじ1.5

＋ 作り方
1 かぼちゃは食べやすい大きさに切り、玉ねぎは薄切りにする。
2 だしを熱して1をやわらかくなるまで煮、プチトマトを加え（大きければ半分に切る）、1分煮る。みそをとき入れる。

玄米ごはん…160g

ふっくらジューシーしょうが焼き

＋ 材 料（2人分）
豚しょうが焼き用スライス
　（使用したのは肩ロース）…200g
薄力粉…少々
A ┃ おろししょうが…大さじ1
　 ┃ しょうゆ・みりん…各大さじ2
　 ┃ 酒…大さじ1
キャベツ…2〜3枚（100g）
青じそ…2枚
植物油…小さじ2

＋ 作り方
1 キャベツと青じそは細切りにし、器に盛る。
2 豚肉は2等分にして薄力粉を薄くまぶす。
3 油を熱して2の両面を焼きつけ、Aを回しかけて火が通るまで煮詰める。
4 1の上に煮汁ごとのせる。

― Beauty Lesson ―

美人レッスン

疲労回復に ビタミンBたっぷりの豚肉

豚肉のタンパク質と玄米の豊富なミネラルは、おいしさだけでなく栄養的にも好相性。必要な栄養素を相乗効果で吸収しやすくしてくれるし、ビタミンB群が豊富な豚肉で、疲労回復にも一役買う献立です。

Part 2 玄米の献立編

ふっくらジューシーなしょうが焼き、
味も栄養も、玄米と相性ぴったり

Menu 002

ピリ辛と玄米が合う！

野菜たっぷり スパイシーカレー

675 kcal

野菜たっぷりのカレーと玄米。市販のカレールーを使わなくても、手軽においしくできあがり、薬膳カレーみたいな味わいに。さらりとしたカレーだけど、しっかりよくかんで味わいましょう。

せん切りキャベツのコンソメスープ

+ 材料（2人分）
キャベツ…2〜3枚（100g）
玉ねぎ…1/3個（50g）
カットわかめ…少々
A┌ コンソメ顆粒…小さじ1
 │ あれば白ワイン…大さじ1
 └ 塩・こしょう…各少々
オリーブ油…少々

+ 作り方
1 キャベツは細切りにし、玉ねぎは薄切りにしてともに鍋に入れ、水300mlを注ぐ。
2 Aを加えて火にかけ、煮立ったら蓋をして弱火で5分煮る。
3 カットわかめを加え、香りづけに油を数滴たらす。

かぼちゃと豚肉のスパイシーカレー

+ 材料（3人分）
豚切り落とし肉…250g
にんにく…1かけ
玉ねぎ…1個（150g）
かぼちゃ…250g
トマト…中3個
A┌ カレー粉・薄力粉…各小さじ1
 └ 塩…少々
B┌ カレー粉…大さじ2
 └ 薄力粉…大さじ1
C┌ コンソメ顆粒…小さじ1
 │ あれば白ワイン…大さじ1
 │ トマトケチャップ…大さじ1
 └ 塩…小さじ1/2
植物油…大さじ1
玄米ごはん…350g程度

+ 作り方
1 にんにく、玉ねぎはみじん切りにする。かぼちゃは1〜2cm角程度に切り、トマトはくし形に切る。豚肉は一口大に切ってAをもみ込む。
2 油を熱してにんにくと玉ねぎをいため、しんなりしたら豚肉を加えて表面に火が通るまでいためる。
3 Bを振り入れて全体になじむようにいため、トマト、かぼちゃを加えてざっとまぜ、水200ml、Cを加える。
4 なべ底からまぜ、蓋をして弱めの中火で煮る。トマトから水分がにじむまではこげつきやすいので、ときどきまぜながら、かぼちゃがやわらかくなるまで6〜7分煮る。
5 4を玄米ごはんにかけ、好みでらっきょうやオリーブを添える。

― Beauty Lesson ―

美人レッスン

高カロリーな市販のルーは使わずに

市販のカレールーは意外と高カロリー。小麦粉やバターを使わずに、カレー粉メインで味つけします。こうしたスープ状のおかずをごはんにかける場合は、玄米はかために炊いたり、煎り炊き（P26）の香ばしいごはんも合います。

Part 2 玄米の献立編

ルーを使わない低カロリーなカレー。
かぼちゃがとろみを出してくれます！

Menu 003

鮭ときのこのローカロリーディナー

677 kcal

玄米は和風のイメージがありそうですが、洋風のおかずにも合います。サーモン、きのこ、にんじん、長いも、ローカロリーで体にいい材料で仕上げた献立は、ダイエッターにも合格点です。

キャロットラペ・オレンジプラス

＋ 材 料（2人分）
にんじん…小1本（100g）
オレンジ…1/2個
A ┌ 酢・オリーブ油…各大さじ1.5
　│ 蜂蜜…小さじ2　塩…小さじ1/3
　└ こしょう…少々

＋ 作り方
1　にんじんはスライサーでスライスしたら細切りにし、オレンジは皮をむいてほぐす。
2　Aであえて10分ほどおいて味をなじませる。

長いもとめかぶのスープ

＋ 材 料（2人分）
長いも…100g
刻みめかぶ…1パック（45g）
玉ねぎ…1/4個（40g）
A ┌ コンソメ顆粒…小さじ1
　│ あれば白ワイン…大さじ1
　└ 塩・こしょう…各少々

＋ 作り方
1　長いもはいちょう切り、玉ねぎは薄切りにする。
2　Aと水300mlを鍋に入れ、玉ねぎを煮る。やわらかくなったら長いもを加えてひと煮し、最後にめかぶを加える。

玄米ごはん…160g

鮭ときのこのフライパン蒸し

＋ 材 料（2人分）
生鮭…2切れ
A ┌ 塩・こしょう
　└ 薄力粉…各適量
玉ねぎ
　　…小さめ1個（100g）
しめじ…1パック
エリンギ…1/2パック
にんにく…1かけ
白ワインまたは酒
　　…大さじ3
レモン…1/2個
あればイタリアンパセリ
　　…少々
オリーブ油…少々

＋ 作り方
1　鮭は3等分程度に切り、Aをまぶす。
2　玉ねぎは1cm厚さの半月切りにし、しめじは石づきを落として小房にほぐし、エリンギは食べやすい大きさに切る。にんにくは半分に切ってつぶす。
3　鍋に油を塗り、玉ねぎを敷く。その上に鮭を並べ、あいたところにしめじ、エリンギ、にんにくを散らす。
4　白ワインを全体に振りかけ、蓋をして中火にかける。煮立ったら弱火にし、5〜6分蒸し煮にして鮭に火を通す。
5　器に盛り、イタリアンパセリ、レモンを添え、レモンをしぼっていただく。好みでマヨネーズをつけても美味。

― Beauty Lesson ―
美人レッスン
鮭の抗酸化作用、にんじんのカロテン、最強の「美肌献立」

鮭に含まれるアスタキサンチンは、抗酸化作用にすぐれた物質。にんじんのカロテンは体内に入るとビタミンAに変わり、肌の新陳代謝を促します。玄米の腸内お掃除効果とあわせて美人度アップの献立に。

Part 2 玄米の献立編

さわやか仕立てのメニューと
玄米の腸内お掃除力で美肌に

Menu 004

ゴロッと野菜の和風ベジ定食

587 kcal

体が温まる根菜をさらに熱々の煮物にします。あずき入り玄米ごはんは、この一品だけで栄養バランスパーフェクト。野菜ばかりのメニューですが、満腹感はバッチリです。

あずき入り玄米ごはん

＋ 材料(作りやすい分量〈2～4人分〉)

玄米…2カップ　　　　塩…小さじ1/4
あずき…1/3カップ

＋ 作り方

玄米とあずきは洗って水3カップを注いで5時間以上おき、塩を加えて普通に炊く。

ごま油が効いたけんちん汁

＋ 材料(2人分)

ごぼう…15㎝(50g)　　だし…1と3/4カップ
木綿豆腐…1/2丁(150g)　みそ…大さじ1.5
ねぎ…10㎝　　　　　　ごま油…小さじ1

＋ 作り方

1 ごぼうはささがきにする。
2 鍋に油を熱してごぼうを入れ、じっくりといためる。よい香りが立ったら豆腐を手で大きくくずして入れ、強火でジャッといため、だしを注ぐ。
3 ごぼうがやわらかくなるまで煮てみそをとき入れる。ねぎを小口切りにして加え、ひと煮する。

ゴロゴロにんじんと里いものこんぶ煮

＋ 材料(2人分)

里いも…大2個(200g)　塩…少々
にんじん…小1/2本(50g)　しょうゆ…大さじ1/2
結びこんぶ…4本　　　　みりん…小さじ1/2
だし…1.5カップ

＋ 作り方

1 里いもは皮をむき、大きいものは半分に切る。にんじんは1.5㎝厚さの輪切りにして好みの型で抜く(抜いた外側ももちろん使う)。
2 鍋にだしとこんぶと1を入れて煮立ったら火を弱めて落とし蓋をしてゆっくりと煮る。里いもに火が通ったら塩としょうゆ、みりんで調味し、味がなじむまで煮る。

青梗菜とおつゆ麩のごまあえ

＋ 材料(2人分)

青梗菜(チンゲンサイ)…1株
おつゆ麩(小町麩、白玉麩など)…10個(5g)
いり黒ごま…大さじ1
しょうゆ…大さじ1/2
砂糖…小さじ1/2

＋ 作り方

1 青梗菜はざく切りにして熱湯でゆで、ざるに上げて水けをきる。
2 麩は水に浸してもどし、水けをしぼる。
3 ごまは粒がなくなるまですって砂糖、しょうゆとまぜ、青梗菜と麩をあえる。

― Beauty Lesson ―

美人レッスン

玄米の微量栄養素、炭水化物、豆のタンパク質でパーフェクトごはん

玄米には微量栄養素のビタミン・ミネラルが豊富。もちろん穀類なので、主な栄養は炭水化物。足りないのはタンパク質ですが、豆の植物性タンパク質が加わることで、あずき玄米ごはんは、いわば栄養パーフェクトごはんなのです。

Part 2 玄米の献立編

週に1回くらいベジタリアンになると、体が軽くなります

Menu 005

アボまぐとろろどんぶり

573 kcal

ちょっとカフェ風にアボカドも合わせて、おしゃれながら、ビタミンたっぷりのどんぶりです。とろろをかけても、玄米はしっかりかんで食べましょう。

青梗菜のからしじょうゆ

+ 材料（2人分）

青梗菜…1株（100g程度）
A ┌ 薄口しょうゆ…小さじ2
  └ 練りがらし…小さじ1/3

+ 作り方

1 青梗菜はざく切りにしてポリ袋に入れ、Aを加えて軽くもみ合わせ、しんなりしたらもう一度もみ合わせて空気を抜くように袋を閉じ、5〜6分味をなじませる。
2 軽くしぼって盛りつける。

シャキシャキ大根のすまし汁

+ 材料（2人分）

大根…100g
カットわかめ…少々
だし…300ml
A ┌ しょうゆ…大さじ1
  │ 酒…大さじ1
  └ 塩…少々
細ねぎ…3本

+ 作り方

1 大根は細切りにする。
2 だしを煮立てて1を煮、Aで調味してカットわかめを散らす。
3 小口切りにした細ねぎを散らす。

アボまぐとろろどんぶり

+ 材料（2人分）

まぐろのすき身…80g
アボカド…1個
長いも…200g
みそ…大さじ1
しょうゆ…小さじ2
玄米ごはん…300g程度

+ 作り方

1 長いもはすりおろしてみそをまぜる。
2 まぐろ、アボカドは食べやすく切ってしょうゆをからめる。
3 器に玄米ごはんを盛り、2をのせて1をかける。

― Beauty Lesson ―

美人レッスン

まぐろの豊富な鉄分の吸収をアボカドのビタミンCが助けてくれる

玄米にも、そして赤身の魚や肉にも含まれる鉄分は、吸収率があまりよくないミネラル。その吸収を助けるのがビタミンCです。アボカドにも玄米にも含まれているのでバランスのいいどんぶりです。

Part 2 玄米の献立編

玄米を包み込む、とろろのトロリ感。
ビタミンをたっぷり召し上がれ

Menu 006

たけのこと厚揚げ煮
ほっこり晩ごはん

563 kcal

初夏に出回る新たけのこで作るとさらにおいしいですが、水煮たけのこでも十分おいしい煮物になります。ローカロリーでおなかいっぱいになれる幸せレシピです。

押し麦入りごはん

＋ 材 料（作りやすい分量〈2〜4人分〉）
玄米…2カップ
押し麦…大さじ2
塩…少々

＋ 作り方
1 玄米は洗って、3カップの水に5時間以上浸す。
2 押し麦と塩を加えて普通に炊く。

もやしと万能ねぎのみそ汁

＋ 材 料（2人分）
もやし…1/2袋（100g）
万能ねぎ…4本
だし…2カップ
みそ…大さじ1.5

＋ 作り方
1 だしでもやしを煮てみそをとき入れる。
2 万能ねぎを小口切りにして散らし、火を止める。

たけのこと厚揚げのほっこり煮

＋ 材 料（2人分）
ゆでたけのこ…小1本（150g）
厚揚げ…1枚
だし…1カップ
しょうゆ…大さじ1
みりん…大さじ1
塩…少々

＋ 作り方
1 たけのこは食べやすく切る。厚揚げは一口大の乱切りにする
2 だしを煮立ててしょうゆとみりん、塩で調味し、たけのこと厚揚げを入れ、煮立ったら火を弱めて7〜8分、味がなじむまで煮る。

キャベツとわかめの
サッパリしょうが酢あえ

＋ 材 料（2人分）
キャベツ…2〜3枚（100g）
乾燥わかめ…小さじ1/2
しょうがの薄切り…1枚
塩…小さじ1/5
A ┌ 酢…小さじ2
　└ 砂糖…小さじ1/2

＋ 作り方
1 キャベツはざく切りにして塩を振り、全体に軽くもむ。
2 しょうがはせん切りにし、1に加える。わかめはもどさずに（長ければ短く折って）加え、しんなりするまで7〜8分おく。
3 全体に軽くまぜて味をなじませ、Aを合わせてまぜて回しかける。

― Beauty Lesson ―

美人レッスン
ダイエット献立に
厚揚げでうるおいをプラス

和食はダイエットにぴったりといわれるけれど、さらにローカロリー素材のたけのこで、リセットごはんともいえる献立。うるおいだけは忘れないように、鉄分もイソフラボンもいっぱいの厚揚げを合わせています。

Part 2 玄米の献立編

ダイエットにおすすめのたけのこが主役。
副菜もさっぱり味で体重キープ

Menu 007

おなかいっぱい！

チキンのトマト煮 栄養バランスセット

866 kcal

洋食屋さんの人気メニュー、トマト煮は、肉、野菜、ごはんをバランスよくおいしく食べられる献立。スープはかき玉で、主菜とこっそり親子な組み合わせです。

ベビーリーフのプチサラダ

+ 材 料（2人分）
ベビーリーフ…1パック（50g）
玉ねぎ…1/10個（15g）
A［ 酢・オリーブ油…各大さじ2
　 塩…小さじ1/3
　 蜂蜜…小さじ1/2
　 こしょう…少々

+ 作り方
1 玉ねぎは薄切りにして水の中でもんでギュッとしぼり、ベビーリーフとまぜる。
2 Aをまぜ合わせて回しかける。

洋風かき玉スープ

+ 材 料（2人分）
玉ねぎ…1/3個（50g）
にんにく…1/2かけ
卵…1個
パセリのみじん切り…大さじ1
植物油…小さじ1
A［ コンソメ顆粒…小さじ1
　 あれば白ワイン…大さじ1
　 塩・こしょう…各少々

+ 作り方
1 玉ねぎとにんにくはみじん切りにして油でじっくりいため、水300ml、Aを加えて5分煮る。
2 卵をほぐして回し入れ、パセリを散らす。

玄米ごはん…160g

チキンのトマト煮

+ 材 料（2人分）
鶏もも肉…1枚（約250g）
A［ 塩・こしょう…各少々
なす…2本
ピーマン…1個
玉ねぎ…1/2個（80g）
にんにく…1かけ
トマトの水煮缶…1缶
　（カットタイプ。ホールタイプ
　は手でつぶして加える）
B［ 水…100ml
　 あれば白ワイン…大さじ1
　 コンソメ顆粒…小さじ1/2
　 塩…小さじ1/2
　 こしょう…少々
オリーブ油…大さじ1

+ 作り方
1 鶏肉は6等分に切ってAをまぶす。
2 なすは輪切り、ピーマンは一口大に、玉ねぎはくし形に切る。にんにくはみじん切りにする。
3 油を熱して鶏肉を皮目のほうから焼きつける。皮がパリッとしたら裏返して焼きつける。
4 にんにく、なす、玉ねぎを加えていため合わせ、トマト缶、Bを加え、大きくまぜ、蓋をして弱めの中火で7分煮る。
5 蓋をとり、ピーマンを加え、まぜながら2分ほど煮る。

− Beauty Lesson −
美人レッスン

トマトのリコピン酸は、加熱して油と合わせたほうが吸収率アップ

生でも加熱してもおいしいトマト。アンチエイジングにいいリコピン酸が豊富ですが、このリコピン酸は熱に強く油と合わせると吸収がよくなります。生よりも水煮缶のほうが含有量も大。トマト煮は美人の味方メニューなのです。

Part 2 玄米の献立編

チキンのトマト煮は冷めてもおいしいから、たくさん作って翌日のお弁当にも

Menu 008

山菜かき揚げ &炊き込みごはんセット

493 kcal

ひじきでさらに鉄分アップのヘルシー玄米ごはん。こっくりした炊き込みごはんに、サクサクのかき揚げが合う、春の山菜を楽しむ献立です。山菜の中でも、たらの芽やふきならあく抜きいらずで簡単です。

ひじきの炊き込みごはん

材料（作りやすい分量〈2〜4人分〉）
玄米…2カップ　　　しょうゆ…小さじ1/2
ひじき…15g　　　　塩…小さじ1/2
いり白ごま…適量

作り方
1 玄米は洗って1.4倍の水（2と3/4カップ強）に5時間以上浸す。
2 ひじきは水で洗って刻み、炊く直前に1に加え、塩としょうゆを加えて普通に炊く。
3 炊きあがったらごまを加えてさっくりとまぜる。

小松菜と麩のみそ汁

材料（2人分）
小松菜…1/6わ（50g）　みそ…大さじ1.5
切り麩…小6個
だし…2カップ

作り方
1 小松菜は小さく刻む。
2 だしを煮立てて小松菜を入れてさっと煮、みそをとき入れ、麩を浮かべて煮立つ直前に火を止める。

たらの芽と新玉ねぎのかき揚げ

材料（2人分）
たらの芽…4〜5本　　塩…適量
玉ねぎ…1/4個（40g）　植物油…適量
小麦粉…大さじ1.5

作り方
1 たらの芽は根元を少し落として縦半分に切る。玉ねぎは横に1cm幅くらいに切る。
2 ボウルに1を合わせ、小麦粉を振り入れてまぶし、水大さじ1.5を回しかけ、粉がとろとろになって全体にからむまでまぜる。
3 フライパンに油を深さ1cmほど入れて熱し、2をスプーンなどですくい落とし、箸で軽く押さえてまとめ、両面をカリッとするまで揚げる。
4 油をきって器に盛り、塩を添える。

ふきと油揚げの煮物

材料（2人分）
ふき…80g　　　　しょうゆ…小さじ1
油揚げ…1/2枚　　みりん…小さじ1.5
だし…1/2カップ　塩…少々

作り方
1 ふきは塩を振ってまないたの上で転がして板ずりをし、熱湯に入れてしんなりするまで1分ほどゆで、水にとって皮をむく。
2 1を3〜4cm長さに切る。
3 油揚げはふきのゆで汁にさっと通して油抜きをし、太めの短冊切りにする。
4 なべにだしとしょうゆ、みりんを煮立て、ふきと油揚げを入れ、なべを傾けて煮汁が全体に回るようにしながら、3分ほど煮る。

- Beauty Lesson -
美人レッスン

春先に芽吹く山菜も、おなかの掃除に一役

冬眠から覚めたクマが山菜を食べるように、長く内臓にこもった老廃物を出す力が、春に芽吹く山菜にはあります。さらに油を消化の潤滑剤にして、玄米のデトックス効果を120％に引き上げる献立です。

Part 2 玄米の献立編

サクサクのかき揚げが合いますこっくり味のひじきごはんに、

Menu 009

照り焼きチキン弁当

624 kcal

冷めた状態でも、また独特のおいしさがきわ立つ玄米。お弁当にぴったりです。照り焼きチキンに野菜とバランスGOODですが、実は使うのはフライパン1つでできる簡単メニューです。

✛ 作り方

1. フライパンに油を熱し、鶏肉を焼きつける。あいたところで、細切りにしたピーマン、赤ピーマン、ねぎを焼いてとり出し、ピーマンには塩を振る。
2. 鶏からにじんだ脂をふきとり、Aを回しかけ、蓋をして1分ほど蒸し煮にして中まで火を通し、蓋をとって煮汁を煮詰めてからめ、食べやすい大きさにスライスする。
3. オクラはさっとゆでて食べやすく切り、プチトマトとともにめんつゆであえる。
4. ひじきは水でもどし、ラップにくるんで電子レンジで30秒ほど加熱し、コーンとともにBであえる。
5. 玄米ごはんを弁当箱に盛ってごまを振り、サニーレタスを仕切りにして、おかずを彩りよく盛りつける。

照り焼きチキン

✛ 材 料（1人分）

鶏もも肉…100g
A［ しょうゆ…大さじ1/2
　　 みりん…大さじ1
　　 または水…大さじ2
ピーマン・赤ピーマン…各1/2個
ねぎ…9cm
塩・油…各少々

オクラのおひたし

✛ 材 料（1人分）

オクラ…3本
プチトマト（黄色）…3個
めんつゆ…少々

ひじきサラダ

✛ 材 料（1人分）

乾燥ひじき…5g
ホールコーン…大さじ2
B［ マヨネーズ・ポン酢しょうゆ…各大さじ1/2

ごまかけごはん

✛ 材 料（1人分）

玄米ごはん…150g程度
いり黒ごま…少々

サニーレタス…適量

― Beauty Lesson ―

美人レッスン

実は見た目もとっても大事。彩りよく盛りつけて

栄養バランスはもちろん完璧。さらに見た目に「おいしそう」と感じることが、消化力をさらにアップします。お弁当の盛りつけのコツは、大きなおかずから詰めて、小さなおかずを隙間に詰めることです。

Part 2 玄米の献立編

肉と野菜を一緒に焼いて、
20分で完成! カンタンお弁当

Menu 010

卵とろとろオムライスセット

812 kcal

玄米を和食メニューだけに閉じ込めておくのはもったいない。実はこんな洋風の味つけも合うのです。ケチャップ色になって見た目にはわからないけど、食べてみるとプチプチ食感がおいしい！

えのき入りクリーミーコーンスープ

✚ 材 料（2人分）
玉ねぎ…1/3個（50g）
えのきだけ…1/2袋（50g）
クリームコーン…150g
牛乳…100ml
A┌ コンソメ顆粒…小さじ1/2
　│ 塩…小さじ1/3
　└ こしょう…少々
バターまたは植物油…大さじ1/2

✚ 作り方
1. 玉ねぎはみじん切りにし、えのきだけは1cmに刻む。
2. バターを熱して1をいため、しんなりしたら、クリームコーン、牛乳を加えてまぜ、Aで調味してまぜながら弱めの中火で3分煮る。
3. 好みでスプラウト少々を散らす。

卵とろとろオムライス

✚ 材 料（2人分）
玄米ごはん…300g
鶏むね肉…100g
玉ねぎ…1/3個（50g）
にんにく…1/2かけ
ピーマン…1個
マッシュルーム…2個
塩・こしょう…各少々
A┌ トマトケチャップ…大さじ5
　└ 塩・こしょう…各少々
植物油…大さじ1
卵…4個
B┌ 牛乳…大さじ2
　└ 塩・こしょう…各少々
バターまたは植物油…大さじ1

✚ 作り方
1. 玉ねぎとにんにくはみじん切り、ピーマンは5mm角に切り、マッシュルームはスライスする。鶏肉は1cm角に切って塩、こしょうを振る。
2. 油を熱して1をいため、鶏肉の色が変わったらAを加えて煮詰めるようにいため合わせる。
3. 玄米ごはんを加えてまぜながらいため合わせ、器に盛り分ける。
4. 卵をほぐしてBで調味し、熱したフライパンにバターをとかして流し入れ、手早くまぜながらスクランブルドエッグにし、3にのせる。好みでケチャップをしぼる。

―― Beauty Lesson ――

美人レッスン
食べやすいからこそよくかんで食べたい玄米

とろっとしたスクランブルドエッグを合わせて、スプーンで豪快に食べたいところですが、玄米をよくかんで食べるのが、このメニューの美人ポイントです。

Part 2 玄米の献立編

冷凍しておいた玄米を解凍して使えば
カフェ風ランチもあっという間

Menu 011

赤いおにぎりセット

402 kcal

古代米の赤米を炊き込んだ、赤い玄米ごはんでおにぎりに。古代米はもちもち感があるのでパラパラしやすい玄米をまとめてくれる役割も。玄米と赤米両方とも、持久力アップのパワーがあります。

せりと油揚げのみそ汁

＋ 材 料（2人分）
せりまたは三つ葉…30g
油揚げ…1/2枚
だし…1.5カップ（300ml）
みそ…大さじ1.5

＋ 作り方
1 せりはざく切りにする。油揚げは湯をかけて油抜きをして短冊に切る。
2 だしで1をさっと煮、みそをとき入れて煮立つ直前に火を止める。

菜の花の塩こんぶあえ

＋ 材 料（2人分）
菜の花…1/2わ
塩こんぶ…8g
塩…少々

＋ 作り方
1 菜の花はかたい根元を落とし、長さを半分に切って塩を加えた熱湯でさっとゆでる。
2 1を水にはとらず、ざるなどに広げてうちわであおいで冷まし、あら熱がとれたら塩こんぶとあえる。

赤米入り玄米おにぎり

＋ 材 料（作りやすい分量〈2〜4人分〉）
玄米…2カップ
赤米または黒米や雑穀ミックス…大さじ4
たくあんなど好みの漬け物…4切れ
ごま塩…適量

＋ 作り方
1 玄米と赤米は洗って水3カップにつけて5時間以上おき、塩一つまみ（分量外）を加えて普通に炊く。
2 炊きあがったら90〜100gずつ4個にぎり（2人分）、ごま塩を振って器に盛り、食べやすく切った漬け物を添える。

― Beauty Lesson ―

美人レッスン

消化がゆっくりだから、玄米は腹もちがいい

玄米は消化に時間がかかります。胃腸の中の滞在時間が長いから、それだけ長時間の仕事をするときには頑張る力につながります。朝、時間がないときには、おにぎり形に冷凍しておいた玄米ごはん（P28参照）をチンすれば簡単です。

> Part 2　玄米の献立編

持久力をアップする玄米、
朝ごはんに食べたら、今日一日頑張れる！

Menu 012

玄米の10倍がゆ 体いたわりセット

467 kcal

消化が悪いといわれる玄米ですが、じっくりと火を通し、水分をたっぷり含ませれば、消化もよくなります。その分、ビタミン・ミネラルも逃さず吸収できるということ。体も温まる玄米おかゆです。

れんこんとこんぶのつくだ煮風

＋ 材 料（2人分）
れんこん…100g
刻みこんぶ…10g
しょうゆ…大さじ2
砂糖…大さじ1/2
だし…大さじ1

＋ 作り方
1 れんこんは薄いいちょう形に切る。こんぶははさみで刻む。
2 鍋に1とだし、しょうゆ、砂糖を合わせて火にかけ、煮立ったら弱火にして、菜箸でまぜながら汁けがなくなるまで煮る。冷蔵庫で4〜5日は保存できる。

玄米の10倍がゆ

＋ 材 料（2人分）
玄米…1カップ
塩…少々

＋ 作り方
1 玄米は洗って10カップの水に3時間以上つけておく。
2 1を鍋に移して火にかける。煮立ったら弱火にし、蓋をずらしてかけて40分〜1時間炊く。もしくは、炊飯器の玄米・おかゆモードで炊く。
3 塩で味をととのえる。
　※玄米ごはんからおかゆにする場合は、玄米ごはん360g（玄米約1合を炊いたもの）に対して、水か湯5カップを足して火にかけ、煮立ったら弱火で10分炊き、火を消して10分蒸らします。

大根とにんじんの即席みそ漬け

＋ 材 料（2〜3人分〈作りやすい分量〉）
大根…150g
にんじん…小1/2本（50g）
A ┌ みそ…大さじ3
　└ みりん…大さじ2

＋ 作り方
1 大根は1.5cm角くらいの棒状に切る。にんじんは短冊に切る。
2 大根とにんじんにAをからめて密閉容器などに入れ、1時間以上漬ける。
3 みそを手で軽くぬぐって器に盛る。冷蔵庫で4〜5日は保存できる。

- Beauty Lesson -

美人レッスン

体にしみ込む温かさでますます血行をよくするおかゆ

玄米には新陳代謝を促す作用があり、血行がよくなることで冷えも改善していきますが、水分をたっぷり含みとろりとした状態になると熱が冷めにくいので、胃袋から体を温めるのに最適。消化がよくなり、体も温まり、一石二鳥のおかゆです。

- 62 -

Part 2 玄米の献立編

とろりとしたおかゆが、
おなかをじっくり温めるから冷えも解消

Column

ごはんだけじゃなく パンやめんも楽しみたい！

　毎日、ごはんだけだと飽きちゃいそう。そんなときは、玄米を使った主食を選んでみては？　たとえば玄米のもち。もち米の玄米を使ったもちです。ごはんで食べるよりも消化もよく、カロリーも凝縮されていて、さらに腹もちがいいのです。そして、玄米粉を使ったパンもあります。市販のものは、自然食品店で手に入りますが、玄米粉を使えば、ホームベーカリーなどで玄米のパンも手軽に作れます。さらに、玄米粉や玄米そのものを使ったお菓子もあります。玄米ごはんだけじゃなく、体に必要なビタミン・ミネラルが豊富な主食を、いろいろ探してみるのも、楽しいですね。

【　お菓子　】　　　　【　玄米もち　】　　　　【　玄米パン　】

玄米と同じ精製状態の小麦を使った「全粒粉」のパスタ

　玄米を使った「めん類」もありますが、あまり一般的ではないかもしれません。そのかわり、玄米と同じように、小麦の種皮・果皮・胚芽を残した「全粒粉」を使ったパスタという選択肢もあります。
　マクロビオティックの考え方の一つに、食品をまるごといただく、ということがあります。
　米なら、もみ殻などの消化しきれない部分は別として、種皮や果皮、胚芽といった部分もまるごと食べるという発想から、玄米を食べることでその食物の栄養をまるごととり入れるということ。小麦の「全粒粉」を使ったパスタも、玄米食と同じように、小麦の栄養をまるごと食べることができます。
　一度粉に粉砕されてはいますが、玄米と同じくよくかんで、唾液でも消化しながらいただきましょう。

Part 3

玄米力をアップする

野菜の
おかず編

主食の玄米に合う、野菜のおかずたち。
目的別に、体の調子をととのえるレシピ集です。
旬を大切にしたマクロビオティック風のシンプルおかずで、
体の中から元気美人になりましょう！

＊カロリー表示は1人分です。

野菜の"マクロビ風"おかずで元気になろう!

このパートでは、玄米に合う"マクロビ風"のおかずたちをご紹介します。

健康的な野菜料理、というイメージがあるマクロビオティック。本来は、「マクロ」=大きな、「ビオ」=生命という意味があります。生命を大きな視野でとらえて、命の糧としての食糧をむだなく食べるのが、マクロビオティック。

だから、なるべく収穫された「命」全体を食べます。野菜は皮をむかずに調理し、米はもみ殻を外しただけの玄米を食べます。玄米食は、マクロビ的な米の食べ方なのです。

野菜には季節ごとに収穫される「旬」があります。寒い季節に向かう秋には、体を温めるエネルギーを持つ大根やにんじんなどの根菜が実り、暑い季節には体を冷やす働きがあるトマトやなすなどの夏野菜が豊富に実ります。こうして、旬のものを食べることで体もととのうと考えます。

野菜の性質を生かした料理を、玄米とあわせて食べてみましょう。病院に行くほどではないちょっと困る不調も、食べるもので解決できるようになりますよ。

> 正統派のマクロビオティックでは、だしやスープも動物性のものは使いませんが、ここではなじみのある味に仕上がるように、うまみ重視でレシピをご紹介しています。

Part3 おかず編

かぼちゃのカロテンの血流UP効果で肌をきれいに

肌、ツヤツヤになる！

つやっぽい健康美肌は、「血行がいいこと」が第一条件！

Menu 001　　66kcal

かぼちゃと枝豆のうま煮

✚ 材料（2人分）
かぼちゃ…50g
枝豆（さやから出して）…1/4カップ
だし…3/4カップ
薄口しょうゆ…大さじ1
みりん…小さじ1　　塩…少々
かたくり粉…小さじ1

✚ 作り方
1. かぼちゃは一口大に切る。
2. 枝豆はさやごとゆでて実を出す。
3. 鍋にかぼちゃを並べてだしを加えて火にかけ、煮立ったら弱めの中火にして蓋をして煮る。
4. かぼちゃが八分どおりやわらかくなったらしょうゆとみりん、塩で調味し、ゆでた枝豆を加えてひと煮する。
5. かたくり粉を水大さじ1でといて4に流し、薄くとろみがつくまで煮て火を止める。

素材の秘密

かぼちゃ
かぼちゃの黄色はカロテンの色。血流をアップして、バラ色ほっぺをつくるもとになります。意外と早く煮えるので、手早いおかずに。

枝豆
豆類には、肌に必須の植物性のタンパク質が豊富。エストロゲンに似た作用も持つので、女性ホルモンの働きもととのえます。

Point
かぼちゃも枝豆も、火が通るのに時間がかからないから、すぐにできるスピードおかずとしても◎。

Menu 002

たたきごぼうのごま酢あえ

113 kcal

肌ツヤツヤになる！

✚ 材料（2人分）
- ごぼう…1本（150g）
- いり白ごま…大さじ2
- 酢…小さじ2
- 砂糖…小さじ1
- しょうゆ…大さじ1 1/3

✚ 作り方
1. ごぼうは鍋に入る長さに切り、鍋に入れて水をかぶるまで加えて火にかけ、やわらかくなるまでゆでる。
2. ごぼうをゆでている間に、ごまをすり鉢であらくすり、酢としょうゆ、砂糖をまぜる。
3. ごぼうの水けをきりまないたにのせ、びんかすりこ木でたたく。
4. ごぼうが温かいうちに2のごま酢をまぶして冷めるまでおき、一口大に切って盛る。

素材の秘密

ごぼう
食物繊維たっぷり。玄米と一緒によくかんで食べたら、腸内スッキリ。ポリフェノールも豊富に含みます。

ごま
セサミンは抗酸化作用のビタミンEを含むので美肌には必須。油脂分が腸内の不要物を押し出す助けをします。

Point

ごぼうは熱いうちにすりこ木などで割れ目が平均にできるまでたたいて、繊維をほぐして食べやすくします。

玄米とごぼうで食物繊維を大量投入。
腸をスッキリして美肌に

Part3 おかず編

ビタミン＆ミネラルたっぷりの
和風サラダ感覚で

Menu 003　　　　　　　　　　　　　74 kcal

ほうれんそうと切り干し大根のごまあえ

＋ 材 料（2人分）
ほうれんそう
　…1/2わ（150g）
切り干し大根…20g
黒ごま…大さじ1
しょうゆ…大さじ1/2
砂糖…小さじ1/2
だし…大さじ1

＋ 作り方
1　ほうれんそうはゆでて水にとってしぼる。しょうゆ大さじ1/2（分量外）を回しかけてしぼり、4cmに切ってさらにしぼる。
2　切り干し大根は水につけてもどし、軽く水けをしぼって食べやすい長さに切る。
3　黒ごまは香ばしく煎り、すり鉢ですって、砂糖、しょうゆとだしを加えてすりのばし、ほうれんそうと切り干し大根をあえる。

素材の秘密

ほうれんそう
野菜の中でも鉄分が豊富で、血のめぐりがよくなります。緑黄色野菜をとることが、肌ツヤツヤの秘訣。

黒ごま
黒い色素の中にセサミンがいっぱいです。肌の老化をくい止めて「美肌のビタミン」、ビタミンEがいっぱいです。

Point

切り干し大根は、水でもどして使います。乾物を常備しておくと「一品足りない！」というときにも便利。

- 69 -

Menu 004

レンズ豆とセロリのスープ

176 kcal

むくみスッキリ！美脚になる

立ちっぱなし・座りっぱなしの日の、むくみ改善のおかずたち。

素材の秘密

レンズ豆
豆なので食物繊維はもちろんたっぷり。さらに利尿作用など、「水を出す」働きにすぐれています。

セロリ
豊富なカリウムと香り成分ピラジンが、水分排出、血流UPに働きます。ぜひ葉の部分も食べて。

体を温めながら、余分な水分を出してくれるレンズ豆

＋ 材料（2人分）
- レンズ豆（乾燥）…50g
- 玉ねぎ…1/2個（80g）
- セロリ…1本（120g）
- にんにく…1かけ
- オリーブ油…大さじ1
- コンソメ顆粒…小さじ1
- 塩…少々
- クレソン…少々

＋ 作り方
1. レンズ豆はざっと洗って水3カップにつけて5分ほどおく。
2. 玉ねぎとセロリは5mm角に切り、にんにくはみじん切りにする。
3. 鍋に油を熱して玉ねぎとセロリとにんにくをいため、よい香りが立ったらレンズ豆をつけ汁ごと加える。煮立ったらコンソメを加えて弱火にし、レンズ豆がやわらかくなるまで20分ほど煮る。
4. 塩で味をととのえ、ちぎったクレソンを浮かべる。

Point
豆というと浸し時間が長いイメージですが、レンズ豆はすぐに使えるので便利。大きめの穀類みたいな食感も楽しんで。

Part3 おかず編

おからとごぼうの力で、体にいらないものをどんどん出そう！

Menu 005　68kcal

おからの五目煮

+ 材料（4人分）
おから…100g
ごぼう…15cm（50g）
にんじん…小1/2本（50g）
ひじき…10g
ごま油…小さじ2
だし…1と1/4カップ
しょうゆ…大さじ1
みりん…大さじ1/2
塩…小さじ1/4

+ 作り方
1. ごぼうとにんじんは斜め薄切りにしてから細く切る。
2. ひじきは水で洗ってざるに上げ、やわらかくなったら刻む。
3. 鍋におからを入れて弱火でから煎りし、サラサラになったら一度とり出す。
4. あいた鍋に油を熱し、1とひじきを軽くいためる。だしとしょうゆ、みりん、塩を加えて野菜がやわらかくなるまで煮る。
5. おからを戻し入れ、煮汁を吸わせながら汁けがなくなるまで煎り煮する。

素材の秘密

おから
豆腐を作ったカスだからこそ、食物繊維の宝庫。それと同時に利尿作用があり、むくみとりの味方です。

ごぼう
ポリフェノールの抗酸化作用で、細胞を活性化させます。細胞の新陳代謝が活発になれば、体内の水分の流れもスムーズに。

Point

おからは煎って水けをとばすとべたつかず、調味料の味もよくしみ込んでうまみが増します。スタンダードなおからメニューは常備菜にも。

血流をよくする松の実で
手足の先までポカポカに

冷えない体で代謝UP

手足の先まで温かいのは血行がよく、代謝がいい証拠。代謝がよければ体も軽くなる！

Menu 006　112kcal

かぼちゃと松の実のソテー

✚ 材料（2人分）
かぼちゃ…50g
松の実…10g
油…大さじ1
塩…少々

✚ 作り方
1　かぼちゃは6〜7mm厚さに切る。
2　フライパンに油を熱してかぼちゃを重ならないようにして並べ、弱火でじっくりと焼く。焼き色がついたら裏返し、ようじがすっと通るまで焼く。
3　あいているところに松の実を入れていため、香ばしくなったら塩を振って全体にからめながら焼きつける。

Point
松の実はいためるとより香りが立って香ばしくなります。松の実が手に入らないときは、くるみやごまで代用しても。

素材の秘密

かぼちゃ
冬至のときに食べるくらい冬の体に必要な野菜。皮ごと食べることでカロテンがより多くなり、抗酸化作用も高くなります。

松の実
中国料理によく登場する松の実は、植物性脂肪やタンパク質、亜鉛が豊富。造血作用があり、血行を促して体を温めます。

Part3 おかず編

Menu 007　100kcal

小松菜のチャンプルー

＋ 材料（2人分）
小松菜…2/3わ（200g）
木綿豆腐…1/2丁（150g）
ねぎ（白い部分）…10cm
ごま油…大さじ1/2
しょうゆ…大さじ1/2
塩…少々

＋ 作り方
1 小松菜はざく切り、ねぎは斜め薄切りに。
2 豆腐はざるにのせて自然に水けをきる。
3 油を熱し、豆腐を手で大きくくずして入れ、じっくりと焼きつける。ところどころ焼き色がついたら小松菜とねぎを加えて大きくあおりながらいためる。
4 小松菜につやが出たら塩を振り、しょうゆを鍋肌から回して香ばしくいためる。

素材の秘密

小松菜
鉄分が豊富な小松菜は女性の味方。妊娠中の方にもオススメ野菜です。あくも少ないので調理しやすいことも魅力。

豆腐
小松菜の持つ鉄分を吸収しやすく助ける働きを持つのが豆腐。それぞれ単品で食べるよりも相乗効果で栄養吸収率をよくします。

Point
豆腐は水けをきったあと、よく焼きつけると、ベチャッとせずにふっくら仕上がります。このひと手間だけは省かないで！

体温アップしてくれるのは、豆腐と小松菜のやさしい味

赤みがあるような肌荒れには ほてりを冷ます大根を

肌トラブル注意報！

肌荒れ、大人ニキビ、乾燥肌。内側からトラブルを解決するレシピ。

Menu 008

大根の皮のしょうが漬け

18kcal

＋ 材料（2人分）
- 大根の皮…100g
- しょうがのせん切り
  …小1かけ分（10g）
- 刻みこんぶ…10g
- 酢…大さじ1
- しょうゆ…大さじ1/2

＋ 作り方
1. 大根の皮は4〜5mm幅くらいの棒状に切る。
2. ボウルに1とこんぶ、しょうがを合わせて酢としょうゆを加え、ときどきまぜながら20分以上おいて味をなじませる。

素材の秘密

こんぶ
ミネラルも食物繊維もたっぷりのこんぶは、体内の新陳代謝を助けます。だしをとった残りを刻んでもOK。

大根
生で食べる大根には、ほてりを冷ます働きが。気が立っているような感じで顔がほてって乾燥するようなときに。

Point
冷蔵庫で2〜3日保存OK。大根の皮を日に干してしんなりとさせてから漬けると、甘みが増して、さらに日もちがよくなる。

Part3 おかず編

Menu 009　　　109kcal

高野豆腐と海藻の中国風サラダ

＋ 材料（2人分）
高野豆腐…1枚
海藻ミックス（乾燥）…5g
いり白ごま…大さじ1
A ┌ しょうゆ…大さじ1
　├ 酢…大さじ1
　└ ごま油…大さじ1/2

＋ 作り方
1. 高野豆腐は水につけてもどし、水けをしぼって細く切る。
2. 海藻ミックスも水につけてもどし、水けをきる。
3. 器に高野豆腐を盛って海藻ミックスを上にのせ、ごまを散らす。Aを合わせてかける。

素材の秘密

高野豆腐
肌にとって大事なミネラル、鉄分。高野豆腐は、木綿豆腐の約2倍の鉄分を含みます。

海藻
水溶性のビタミン・ミネラルの宝庫、海藻は腸内環境をととのえてくれます。もちろんローカロリーだから、ダイエットにも。

肌トラブルを解決してくれる鉄分が、高野豆腐には木綿豆腐の2倍！

Point
高野豆腐は底の平らなバットに並べ、熱めのぬるま湯を回しかけ、上に皿などの軽い重しをのせて上面まで水につかるようにしてもどします。

Point
水けを十分に含んでもどしたら、両手のひらにはさんで、水けを押してしぼります。しぼった水が白く濁らなくなるまで、水をとりかえて何回かしぼって。

Menu 010

茎わかめと豆もやしの しょうがいため

74 kcal

✚ 材 料（2人分）
- 茎わかめ（塩蔵）…80g
- 大豆もやし…1/2袋
- しょうがの薄切り…1枚
- 油…小さじ2
- しょうゆ…大さじ1
- 塩…少々
- 焼きのり…1/2枚

✚ 作り方
1. 茎わかめは水につけて塩抜きする。
2. もやしは洗って水けをきる。しょうがはせん切りにする。
3. 鍋に油を熱して茎わかめをいため、油が回ったら、しょうがともやしを加えていため合わせ、しょうゆと塩で調味する。
4. 器に盛って、のりをちぎって散らす。

肌トラブル注意報！

素材の秘密

茎わかめ
カリウム、マグネシウムも豊富な茎わかめですが、なんといっても水溶性食物繊維が腸をお掃除して美肌に導きます。

豆もやし
肌はホルモンバランスがあらわれやすいので、豆類のホルモン調整作用を味方にして。

Point
もやしは火を通しすぎないほうがシャキッとした食感を楽しめます。茎わかめをいためてから加えるのがコツ。

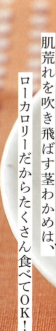

肌荒れを吹き飛ばす茎わかめは、ローカロリーだからたくさん食べてOK！

Part3 おかず編

疲労回復を早めてくれる
アスパラギン効果で元気UP！

疲れにくい体をつくる玄米に、さらにパワーをくれるおかずたち。

疲れをためない！

Menu 011　46kcal

アスパラのキャベツ巻き

+ 材 料（2人分）
キャベツ…2～3枚（100g）
グリーンアスパラガス…4本
細ねぎ…4本
A ┌ しょうゆ…大さじ1
　├ 酢…大さじ1
　└ ごま油…小さじ1
塩…適宜

+ 作り方
1　キャベツとアスパラガスは塩を加えた熱湯でゆでる。
2　キャベツは半分に切って2枚重ねにし、端にアスパラガスを2本ずつ置いて巻き、一口大に切って器に盛る。
3　細ねぎは小口切りにしてAとまぜてたれを作り、食卓で2にかける。

素材の秘密

アスパラガス
持久力をアップしてくれるアスパラギン酸。アスパラガスから発見されたアミノ酸です。利尿作用があって疲労物質を排出してくれます。

細ねぎ
ねぎが持つ独特の香りはアリシンという成分。疲労回復に貢献します。味つけのアクセントながら、大事な役割を持っています。

Point
キャベツの大きさによって、大きな葉1枚を使ったり、半分に切って重ねるなど、巻き方は工夫を。

疲れを
ためない！

焼いたキャベツとくるみが香ばしい
胃腸を守る最強コンビ

素材の秘密

くるみ
体が酸化すると疲れを感じやすくなります。この酸化を防ぐのが、くるみの役割。香りや食感がいい以上の力を持っています。

キャベツ
ビタミンUをはじめ、胃腸の粘膜保護に大切なビタミンが豊富なキャベツ。肉料理に合わせると、胃もたれを防いでくれる効果も。

Point

香ばしい焼き色がついたら水を入れて蓋をし、蒸し焼きにして火を通します。しゃっきりした歯ごたえが残る仕上がりに。

Menu 012　　192kcal

キャベツのソテー・くるみソース

＋材料（2人分）
キャベツ…1/8個
くるみ（無塩）…30g
パセリのみじん切り
　…大さじ1/2
油…大さじ1と1/3
塩…適宜

＋作り方

1 キャベツは軸をつけたままくし形に切る。

2 くるみは薄切りにする。

3 フライパンに油小さじ1を熱し、キャベツを切り口を下にして入れる。軽く焼き色がついたら反対側の切り口を下にして同様に焼く。

4 塩少々を振り、水大さじ2を振って蓋をし、約3分蒸し焼きにする。キャベツが好みのやわらかさになったら器にとり出す。

5 フライパンをきれいにして油大さじ1を熱し、くるみを入れてじっくりといため、香りが立ったら塩で調味してパセリを加え、4にかける。

Part3 おかず編

Menu 013

かぼちゃのレーズンサラダ

142 kcal

＋材料（2人分）
かぼちゃ…150g
玉ねぎのみじん切り…大さじ1
レーズン…大さじ1
A 酢…大さじ1
　蜂蜜…小さじ1/2
　油…大さじ1
　塩…小さじ1/2
　こしょう…少々

＋作り方
1. かぼちゃは一口大に切って蒸し器に入れるか、鍋とボウルを使って右下の写真の要領で蒸す。または、電子レンジならラップをして2～3分を目安に加熱。
2. 玉ねぎにAを合わせ、ドレッシングを作る。
3. 2にかぼちゃを入れてフォークの先で軽くつぶしながらまぜ、あら熱がとれたらレーズンをまぜる。

かぼちゃの抗酸化作用に
レーズンの鉄分で疲れにくく

素材の秘密

かぼちゃ
カロテンが持つ抗酸化作用は、ドレッシングの油と好相性。油が吸収をよくしてくれます。

レーズン
ぶどうのポリフェノールが、乾燥させることでより凝縮したレーズン。鉄分も豊富です。味つけのアクセントにも。

Point

鍋に水を2～3cm高さまで入れ、ボウルにかぼちゃを並べて入れ、蓋をして強火で蒸せば、蒸し器いらず。耐熱ガラスのボウルなら、キッチンペーパーを鍋底に敷くとカタカタぶつからない。

生理痛とサヨナラ

大豆のイソフラボンがホルモンバランスに作用して、ブルーな日を明るく！

Menu 014　138kcal

大豆のミネストローネ

＋材料（2人分）
- ゆで大豆…65g
- かぼちゃ…50g
- セロリ…1/2本（60g）
- 玉ねぎ…1/4個（40g）
- トマト…1個
- オリーブ油…小さじ1
- 大豆のゆで汁…1カップ
- コンソメ顆粒…小さじ1/2
- 塩…少々

＋作り方
1. かぼちゃは2cm角に、セロリと玉ねぎは1cm角に切る。トマトはへたを落として6等分にする。
2. 油を熱してセロリと玉ねぎをいため、しんなりしたら大豆と大豆のゆで汁（または水）を注ぎ、コンソメを加える。
3. トマト、かぼちゃも加え、塩で調味して8～10分じっくりと煮る。

素材の秘密

大豆
エストロゲンと似た働きをするイソフラボンの宝庫。子宮の血行をよくしてくれるので、生理痛をラクに。

トマト
リコピンたっぷりで、血流をよくします。血行が滞らないことで、経血を適正に出してくれるサポートに。

Point
大豆は水煮缶を使っても。作り方②の大豆のゆで汁は、なければ普通の水でOK。

イソフラボンの宝庫、大豆をリコピンたっぷりのトマト味で

Part3 おかず編

和風サラダ感覚の生ゆばで、
ホルモンバランスをととのえます

+ 材料（2人分）
生ゆば…1枚（20〜30g）
三つ葉…少々
大根…200g
梅干し…1個

+ 作り方
1. ゆばは食べやすく切る。三つ葉はざく切りにする。
2. 大根は薄いいちょう切りにし、ボウルに入れる。梅干しの果肉をちぎって大根にまぜ、大根がしんなりするまで4〜5分おく。
3. 大根を軽くもんで全体に味をなじませ、ゆばと三つ葉を加えてあえる。

Menu 015　　43kcal

生ゆばと大根のさっぱり梅あえ

Point
スーパーの豆腐コーナーでも売っている生ゆば。そのままわさびじょうゆでもおいしく食べられます。

素材の秘密

生ゆば
豆乳を加熱したときにできる膜をすくいとったものが生ゆば。タンパク質と脂質、鉄やカルシウムも豊富。

三つ葉
「気をめぐらせる」といわれる三つ葉。気分が落ち込んでいるとき、イライラしているとき、リラックスした気分にしてくれる食材。

いんげん豆のカルシウムでイライラをしずめてくれる常備菜

PMSをラクにする

心身が不安定になりがちなPMS（月経前症候群）をおからパワーで乗り切って。

Menu 016　178kcal

白いんげん豆と
カリフラワーのサラダ

✚ 材料（2人分）
ゆで白いんげん豆…150g
カリフラワー…1/2株（100g）
ゆずの皮のせん切り…少々
A ┌ ゆず果汁…大さじ1 1/3
　├ 油…大さじ1
　└ 塩…小さじ1/5

✚ 作り方
1　カリフラワーは小房に分けてゆでる。
2　Aをまぜ合わせ、カリフラワーといんげん豆をあえ、ゆずの皮を散らす。

素材の秘密

ゆず
ゆずの香りは、新陳代謝を促したり、リラックス効果をもたらします。柑橘系のスッキリした香りでPMSの落ち込み気分を明るく！

白いんげん豆
多くのビタミン・ミネラルを含む白いんげん豆。カルシウムも豊富なので、イライラを落ち着けてくれます。

Point
ゆずのかわりに、カボスやだいだいなど、香りのよい柑橘類を使っても。皮を使うので無農薬のものを選んで。

Part3 野菜の一品

Menu 017

おからみそドレッシングの蒸し野菜サラダ

176kcal

Point 酢とおからをレンジにかけておからに酢を吸わせてから調味料、油とまぜ合わせるとなじみよく仕上がります。

+ 材料（2人分）
おから…30g
カリフラワー…4房（100g）
かぼちゃ…100g
かぶ…1個（80g）
酢…大さじ3
A ┌ みそ…大さじ1.5
　├ みりん…小さじ1
　├ 砂糖…大さじ1.5
　└ ごま油…大さじ1/2

+ 作り方
1 耐熱ボウルにおからと酢を入れ、ラップをかけて電子レンジで40秒加熱し、Aを加えてなめらかになるまでまぜ、ドレッシングを作る。
2 カリフラワー、かぼちゃ、かぶは食べやすく切り、蒸すか電子レンジでやわらかくなるまで加熱し、器に盛って1をかける。

どんな野菜にもよく合う
みそ味のおからドレッシング

素材の秘密

おから
豆腐を作ったときのしぼりかすとはいえ、タンパク質が豊富で、カルシウムがたくさん残っているのがおから。イライラ防止にも。

カリフラワー
レモンに負けないくらいのビタミンCをたっぷり含みます。しかも、いも類同様、加熱しても損なわれないビタミンCなので温野菜にぴったり。

風邪ひきそう…体あっためメニュー

風邪薬を飲む前に、まずは体を内側から温めて。

抵抗力をつけてくれるれんこんを香ばしく焼いて

Menu 018　102kcal

れんこんのムニエル・黒酢ソース

材料（2人分）
- れんこん…1節（150g）
- 小麦粉…大さじ1/2
- オリーブ油…大さじ1
- 塩…少々
- 黒酢…大さじ1.5
- 細ねぎ…少々

作り方
1. れんこんは5mm厚さの輪切りにして小麦粉をまぶす。
2. フライパンに油を熱してれんこんを入れてじっくりと両面を焼き、好みのかたさになったら塩を振り、器に盛る。
3. あいたフライパンに黒酢を入れてひと煮立ちさせ、れんこんの上からかける。ねぎを3cm長さに刻んで散らす。

素材の秘密

黒酢
アミノ酸がたっぷりで、体の抵抗力をアップしてくれます。

ねぎ
風邪のひき始めに、ねぎの独特のくさみのもと・アリシンが有効。こじらせる前に、ねぎをたっぷりどうぞ。

Point

れんこんは水にさらさないほうが抗酸化作用のあるタンニンが逃げませんが、空気にふれると黒ずむので、切ったらすぐに粉をまぶします。

Part3 おかず編

Menu 019　　130kcal

れんこんと小松菜のもちもちお焼き

＋ 材 料（2人分）

れんこん
　…1節（150g）
塩…少々
小麦粉…大さじ3
小松菜…50g
油…大さじ1
ごま油…少々
すだち…1/2個

＋ 作り方

1. れんこんは100gをすりおろし、残りは7mm角に刻み、ボウルに入れる。塩と小麦粉を加えて粉けがなくなるまでよくまぜる。
2. 小松菜を1cm角に刻んで生のまま1に加え、まんべんなくまぜる。
3. フライパンに油を熱し、2をひとすくいずつ落として1.5cm厚さくらいに丸く広げて焼く。両面に焼き色をつけたら水大さじ2を回し入れて蓋をし、汁けがなくなるまで中火で蒸し焼きにする。
4. 押して弾力が出たら、フライパンの縁からごま油を回し入れ、蓋をせずに強めの火でパリッと焼き上げる。
5. 器に盛ってすだちを2つに切って添える。

熱に強いビタミンCを含むれんこんをすりおろして消化よく

素材の秘密

小松菜
カルシウム、鉄分、カロテンなど、抗ウイルス力に一役買う微量栄養素がたっぷり。

れんこん
風邪をひくと失われやすいビタミンCも豊富。

Point

れんこんは2/3はすりおろし、残りは刻んで粉とまぜると、歯ごたえが楽しめます。

ひと頑張りするときに

仕事も遊びも、もうひと頑張りする気力・体力、食べるもので補って！

Menu 020　164kcal

根菜たっぷり煎り豆腐

素材の秘密

ごぼう
食物繊維が多いので、消化に時間がかかります。瞬発力よりもじっくり粘る持久力を授けてくれるのが根菜パワー。

木綿豆腐
頑張るときには、タンパク質が必要。胃もたれしやすい肉類よりも、消化吸収のいい豆腐が正解。

消化吸収がゆっくりなごぼうで、粘り強く頑張る力を引き出そう

✚ 材料（2人分）
木綿豆腐…1丁（300g）
ごぼう…15cm（50g）
にんじん…小1/2本（50g）
生しいたけ…1枚
ごま油…小さじ1
しょうゆ…小さじ2

✚ 作り方
1　ごぼうとにんじんは斜め薄切りにしてから細く切る。しいたけも細く切る。
2　鍋をじゅうぶんに熱して油を入れてなじませ、1の野菜を加えてさらにじっくりといためる。
3　野菜全体につやが出てしっとりしてきたら、豆腐を手で大きくくずしながら加えていためる。
4　豆腐に弾力が出てきたらしょうゆを回しかけ、汁けがほとんどなくなるまで煎り煮する。

Point
野菜をいためた油を豆腐にまぶすようにしていためると、香ばしさが野菜にも伝わります。

Part3 おかず編

満腹でも眠くならないハンバーグで
あともうちょっと頑張って!

Menu 021　269kcal

大豆のハンバーグ

+ 材料(2人分)

ゆで大豆…200g
玉ねぎ…1/2個(80g)
小麦粉…大さじ2
塩…少々
こしょう…少々
にんじん…2cm
油…小さじ2
クレソン…少々

+ 作り方

1 玉ねぎはみじん切りにして、油小さじ1でしんなりするまでいためる。
2 大豆はあらくつぶして玉ねぎと小麦粉、塩、こしょうを加えてさらにつぶしながらまぜ、4つに分けてそれぞれ楕円形に丸める。
3 にんじんは3～4mm厚さの半月形に切る。
4 フライパンに油小さじ1を熱して大豆ハンバーグを入れ、両面に焼き色をつける。あいたところににんじんも入れて焼きつける。どちらにもつやが出たら水大さじ2を回し入れ、すぐに蓋をして2～3分蒸し焼きにして火を通す。
5 器に盛り、クレソンを添える。

素材の秘密

大豆
肉類のタンパク質は瞬発力を、大豆のタンパク質は持久力を与えてくれます。もちろん食物繊維も豊富。

玉ねぎ
タンパク質の消化吸収をよくする玉ねぎ。血行をよくするなど単体でもいい働きがありますが、大豆との相性が抜群です。

Point

ゆで大豆はポリ袋に入れて手の親指の腹で押しつぶすと転がらないので調理しやすくなります。

ひと頑張りするときに

高野豆腐を油で揚げて、さらに持久力アップ！

Menu 022　209kcal

高野豆腐の野菜あんかけ

✚ 材 料（2人分）

高野豆腐…2枚
小麦粉…適宜
揚げ油…適宜
にんじん…小1/2本（50g）
もやし…1/2袋
青ねぎ…少々
A ┌ だし…3/4カップ
　│ しょうゆ…小さじ2
　│ みりん…小さじ1/2
　└ 塩…少々
かたくり粉…小さじ1/2

✚ 作り方

1　高野豆腐はたっぷりの水に浸してもどし、両手にはさんで水けをきつくしぼる。
2　1を4等分に切って小麦粉を薄くまぶし、中温の揚げ油でカリッとするまで揚げ、油をきる。
3　にんじんは細切りに、青ねぎは4cm長さに切る。
4　小鍋にAを煮立てて、にんじんともやしを煮る。火が通ったら水小さじ1でといたかたくり粉を流し、軽くとろみがついたらねぎと高野豆腐を加えてひと煮する。

素材の秘密

高野豆腐
女性の健康に欠かせないカルシウム、ビタミンEやKも豊富。コレステロールを上げにくく、ダイエット向き。

もやし
芽吹くときのパワーが凝縮したもやし。やる気をサポートして、ローカロリーなのに元気がつくもやしです。

Point
高野豆腐のもどし方は、P75にある方法を参照してください。油で揚げるので、しっかりきつめにしぼりましょう。

- 88 -

Part3 おかず編

体を温める
スープたち

体が温まると血行がよくなり、いろいろなトラブルを解消するきっかけになります。

Menu 023　202kcal　洋風

里いもとキャベツの豆乳チャウダー

素材の秘密

里いも

さつまいもなどのほかのいも類よりも、カロリーは低いのに、免疫力を高める力があります。

免疫力アップの里いもを
やさしい豆乳味で包んだスープ

＋ 材 料（2人分）

里いも…2個（100g）
キャベツ…2〜3枚（100g）
玉ねぎ…1/2個（80g）
にんじん…小1/2本（50g）
オリーブ油…大さじ1
小麦粉…大さじ1
だし…1.5カップ
みそ…大さじ1
豆乳…1カップ
塩…少々

＋ 作り方

1 里いもは1cm角に切る。玉ねぎとにんじんも同じ大きさに切る。キャベツはざく切りにする。

2 鍋に油を熱して玉ねぎとにんじんを入れ、こがさないように弱火でゆっくりといためる。しんなりとしたら小麦粉を振り入れていため、粉けがなくなったらだしを注ぐ。

3 鍋底からまぜながら煮て、とろみがついたら里いもとキャベツを加え、ときどきまぜながら里いもに火が通るまで蓋をして煮る。

4 みそをとき入れ、豆乳を加えてのばす。煮立てないように温め、塩で味をととのえる。

Point

豆乳を入れたあと、煮立ててしまうと分離してしまうので気をつけて。豆乳のかわりに牛乳も◎。

Menu 024 中国風 78kcal

干しゆばと切り干し大根のスープ

体を温めるスープたち

✚ 材料（2人分）
- 干し板ゆば…1枚
- 水菜…100g
- 切り干し大根…30g
- 塩こんぶ…5g
- だし…2.5カップ
- 塩…少々

✚ 作り方
1. 水菜はざく切りにする。
2. 切り干し大根はざっと洗って水けをしぼり、食べやすく刻む。
3. 鍋にだしと塩こんぶ、切り干し大根を入れて火にかけ、煮立ったら弱火にして5分ほど煮る。
4. 切り干し大根に火が通ったら水菜を加えてひと煮し、ゆばを手で砕いて加える。ゆばが汁を吸ったら味をみて塩でととのえる。

生よりビタミン力アップの切り干し大根で、風邪知らずに

素材の秘密
切り干し大根
水分がなくなることで、よりビタミン・ミネラルが凝縮している切り干し大根。ビタミンDもいっぱいです。

Point
煮物にするイメージが強い切り干し大根ですが、水分をたっぷり吸わせたスープ仕立てに。いいだしも出ます。

Part3 おかず編

甘いさつまいもに、野菜いっぱい。
冷えた体にじんわりしみます

+ 材 料（2人分）
さつまいも…150g
ごぼう…10cm（100g）
こんにゃく…30g
青梗菜…1株
ねぎ…15cm
ごま油…大さじ1/2
だし…2.5カップ
みそ…大さじ2

+ 作り方
1. さつまいもは4～5mm厚さのいちょう形に切る。ごぼうはささがきにする。こんにゃくは一口大に切ってさっとゆでる。青梗菜はざく切りにする。ねぎは小口切りにする。
2. 鍋に油を熱してごぼうとこんにゃくをいため、だしを注ぐ。煮立ったらさつまいもを加えてやわらかくなるまで煮る。
3. 青梗菜とねぎを加えてひと煮してみそをとき入れ、煮立つ直前に火を止める。

Menu 025　208kcal　和風

さつまいもの具だくさんさつま汁

素材の秘密

さつまいも
りんごの10倍ともいわれるビタミンCの宝庫。加熱しても壊れにくいので冬の汁物にもぴったり。食物繊維も豊富。

Point
みそ仕立ての汁に、炊いた玄米を入れて煮込んでおいしい雑炊にも。ビタミンCたっぷりで風邪予防に食べたいメニューです。

みそ汁

日本人なら基本のスープはみそ汁ですね。
季節の素材を生かしたみそ汁が玄米と合います。

体を温めるスープたち

Menu 026 48kcal

なすと青じそのみそ汁

✚ 材 料（2人分）
なす…2個
青じそ…4枚
だし…2カップ
みそ…大さじ1.5

✚ 作り方
1 なすは縦半分に切ってから斜めに5〜6mm厚さに切り、だしで煮る。
2 なすに火が通ったらみそをとき入れ、青じその細切りを散らして火を止める。

Menu 027 65kcal

里いもとなめこのみそ汁

✚ 材 料（2人分）
里いも…2個（100g）
なめこ…1/4カップ
細ねぎ…少々
だし…2カップ
みそ…大さじ1.5

✚ 作り方
1 里いもは皮をむいて輪切りにする。
2 鍋にだしと里いもを入れて火にかけ、里いもがやわらかくなったらなめこを加える。みそをとき入れて煮立つ直前に火を止める。
3 器に盛り、ねぎの小口切りを散らす。

Part3 おかず編

スープ

玄米には洋風の味も合います。
スープやポタージュは冷めてもおいしいレシピです。

Menu 028　102kcal

とうもろこしのポタージュ

＋ 材 料（2人分）

ホールコーン…80g　　きゅうり…少々
玉ねぎ…　　　　　　だし…1.5カップ
　1/6個（25g）　　　塩…少々
木綿豆腐…　　　　　オリーブ油
　1/6丁（50g）　　　　…小さじ2

＋ 作り方

1. 鍋に油を熱し、みじん切りにした玉ねぎをいためる。しんなりしたらコーンを加えてさっといため、だしを注ぐ。煮立ったら蓋をして7分煮て、豆腐を加えてさらに3分ほど煮て塩を加える。
2. あら熱がとれたらミキサーにかける。
3. きゅうりを薄い輪切りにして浮かべる。冷やして食べても、温めてもおいしい。

Menu 029　27kcal

根菜たっぷりの押し麦スープ

＋ 材 料（2人分）

ごぼう…10cm（30g）　コンソメ顆粒
にんじん…2cm　　　　　…小さじ1/2
大根…1cm　　　　　　塩…少々
押し麦…大さじ2　　　青ねぎ…少々

＋ 作り方

1. ごぼう、にんじん、大根は3〜4mm厚さのいちょう形に切る。
2. 鍋に湯2.5カップを沸かし、さっと洗った押し麦を入れ、蓋をずらしてかけ、ときどきまぜながら10分煮、1とコンソメを加えてさらに6分煮る。
3. 野菜がじゅうぶんにやわらかくなったら塩で味をととのえる。青ねぎを3cm長さに切って加え、ひと煮する。

すまし汁

だしを生かしたすまし汁はみそではなく、塩やしょうゆで調味。上品な味わいに。

体を温めるスープたち

Menu 030　11 kcal

レタスとしょうがのすまし汁

✚ 材　料（2人分）
レタス…2枚
しょうがの薄切り…1枚
だし…2カップ
しょうゆ…小さじ1
塩…小さじ1/2

✚ 作り方
1 レタスは手で一口大にちぎって器に入れておく。
2 しょうがはせん切りにする。
3 鍋にだしとしょうがを入れて火にかけ、煮立ったらしょうゆと塩で調味し、熱々を1のレタスの上から注ぐ。

Menu 031　24 kcal

おろしかぶら汁

✚ 材　料（2人分）
かぶ…2個
かぶの葉…少々
だし…1.5カップ
しょうゆ…大さじ1/2
塩…少々
かたくり粉…小さじ1

✚ 作り方
1 かぶは皮つきのまますりおろす。葉は1～2cm長さに刻む。
2 だしを煮立てておろしたかぶを入れて煮る。煮立ったら弱めの中火で3～4分煮て辛みをとばす。しょうゆと塩で調味して、かぶの葉を散らす。
3 かたくり粉を倍量の水でとき、煮立ったところに流してとろみがつくまでまぜながら煮る。

- 94 -

Part 4

新しい食べ方発見!
玄米ごはん
アレンジ編

シンプルに炊くだけじゃなく、いためたり、煮込んだり、
焼いたり、だんごにしたり。
玄米ごはんは、さまざまな料理にアレンジOKです。
「こんな食べ方できるんだ!」をたくさん発見して、
毎日おいしく玄米ごはん、楽しみましょ♪
＊カロリー表示は1人分です。

玄米アレンジメニュー

パエリアアレンジ

炊く前に玄米をから煎りするから、
つけおき時間ゼロでスタートできるパエリアです。

Menu 001

プリプリえびの玄米パエリア

529 kcal

✚ 材料（2人分）
- 玄米…1カップ
- 玉ねぎ…1/3個（50g）
- にんにく…1/2かけ
- 鶏もも肉…100g
- えび…6尾
- 赤パプリカ…1/2個
- さやいんげん…30g
- オリーブ油…大さじ1
- 塩・こしょう…各適量
- あればサフラン…少々
- 白ワイン…大さじ1
- A ┌ コンソメ顆粒…小さじ1
  └ 湯…350ml
- レモン…1/2個

✚ 作り方
1. 玄米はざっと洗ってざるにとり、水けをきる。玉ねぎとにんにくはみじん切りにする。パプリカは種をとって輪切り、いんげんは2cm長さに切る。
2. 鶏肉は一口大に切って塩、こしょうをまぶし、えびは尾を残して殻をむき、背に切り目を入れて背ワタをとる。サフランがあれば白ワインに浸しておく。
3. 直径24cm程度のフライパンに油半量を熱してえびをさっといため、塩、こしょうを振ってとり出す。
4. フライパンを一度きれいにして、玄米をから煎りする。表面の水けがとび、香ばしい香りが立ち、ところどころに焼き色がつき、パチパチと音がするまで弱火で2〜3分煎る。
5. Aを50mlほど残して注ぐ（ジュッと煮立つので気をつけて）。玉ねぎ、にんにく、鶏肉を加えて大きくまぜ、あればサフランを白ワインごと注ぎ、軽く塩、こしょうを振る。煮立ったら蓋をして弱火で15分炊く。
6. 蓋をあけて残りのAと油を加えて大きくまぜ、えび、パプリカ、いんげんを散らし、再び蓋をして5〜7分炊く。
7. 好みで最後に1分ほど火を強めて底におこげを作り、火を止める。15分蒸らしてさっくりとまぜ、レモンを添え、しぼっていただく。

アレンジのコツ
好みのごはんのかたさに合わせ湯の量を加減して

レシピの湯の量は、まだ玄米に慣れない人にも食べやすいやわらかめの水分量にしてあります。米に少し芯が残るアルデンテで食べたいときは、少し少なめの300mlぐらいに調整してもOK。

Part4 アレンジ編

輪切りのパプリカが華やか。
玄米がホームパーティーの主役に!

チャーハン アレンジ

冷凍ごはんで簡単にできるから、「すぐ食べたい」ときの味方。
玄米のパラパラ感もちょうどいいメニュー。

Menu 002

キャベツとひじきのごぼうチャーハン

386 kcal

✚ 材料（2人分）
玄米ごはん…300g
キャベツ…2～3枚（100g）
ごぼう…30cm（100g）
ねぎ…1/2本
ひじき…10g
ごま油…大さじ1
みそ…大さじ1.5
塩…少々

✚ 作り方
1. キャベツはざく切りにする。ごぼうはささがきにする。ねぎは縦半分に切ってから小口切りにする。ひじきはさっと洗う。
2. フライパンに油を熱してごぼうをいため、しんなりとしてつやが出たらねぎを加えていため、玄米ごはんとひじきを加えてさらにじっくりといためる。
3. 全体に油が回ってつやが出てパラリとしたら、みそと塩を加えて調味し、最後にキャベツを加えて大きくまぜながらいため合わせる。

みそ味が新鮮！
食物繊維とカリウム満点メニュー

Part4 アレンジ編

やわらかいわかめが
パラリとしたごはんをまとめます

Menu 003

にんじんとわかめのチャーハン

330kcal

+ 材料（2人分）
玄米ごはん…300〜350g
にんじん…小1/2本（50g）
わかめ（塩蔵）…15g
ねぎ…1/2本
ごま油…大さじ1
塩…少々
しょうゆ…小さじ1/2

+ 作り方
1 にんじんは2〜3mm角に刻む。わかめは水でもどして塩抜きをし、1cm角に刻む。ねぎはあらみじんに刻む。
2 フライパンに油を熱してにんじんとねぎをいためる。しんなりしてねぎの香りが立ったら玄米ごはんを加え、ほぐしながらじっくりといためる。
3 油が全体に回ってもっちりとした感じになってきたらわかめを加え、塩としょうゆで味をととのえる。

アレンジのコツ

玄米を使うこと自体が、パラッとしたチャーハンのコツ

白米と違って粘けが少ない玄米は、もともとパラパラしているので、チャーハンのようにパラッとした仕上がりにしたいメニューにはピッタリ。食べるときにはもちろんよくかんで！

- 99 -

キッシュ アレンジ

玄米のぷちぷち食感は、チーズにとても合います。
牛乳と卵でごはんもふっくらしてうまみも倍増。

Menu 004

玄米ドリア風 キッシュ・ロレーヌ

514 kcal

＋材料（2人分）
- 玄米ごはん…200g
- 玉ねぎ…1/2個（80g）
- ほうれんそう…1/3わ（100g）
- マッシュルーム…3個
- ベーコン…3枚
- 卵…2個
- A ┌ 牛乳…150ml
　　├ ピザ用チーズ…30g
　　├ 塩…小さじ1/3
　　└ こしょう…少々
- ピザ用チーズ…20g
- 油…小さじ1
- 塩・こしょう…各少々

＋作り方
1. 玉ねぎは薄切り、ほうれんそうはざく切り、マッシュルームはスライスする。ベーコンは1cm幅に切る。
2. 油を熱して1をいため、しんなりしたら塩、こしょうで調味する。
3. 卵をほぐしてAをまぜ、玄米ごはん、2を加えてまぜ、グラタン皿などに入れる。
4. ピザチーズを散らし、オーブントースターか200度に熱したオーブンでチーズがとけて中心部がふっくらとするまで15〜20分焼く。

アレンジのコツ
具はあらかじめ火を通してあるから、好みのかたさに焼いて

卵と牛乳以外の具には火を通してあるので、卵の固まりぐあいはお好みで。様子を見ながら焼きましょう。中までもっと火を通したいのにチーズが先にこげるようなら、途中でアルミホイルをかぶせて。

Part4 アレンジ編

チーズとの相性がいい玄米。

とろーり、とぷちぷちが合います

すしアレンジ

玄米アレンジメニュー

ホームパーティーにも、持ち寄りメニューにも人気のおすし。
ベジタリアンな具でヘルシーに。

Menu 005　　300kcal

梅干しと水菜の手巻きずし

梅干し以外にも、好きなものなんでも巻いて。
セルフ手巻きも楽しい！

＋材料（2人分）
玄米ごはん…300g
合わせ酢
- 酢…大さじ1.5
- 砂糖…小さじ2
- 塩…小さじ1/5

いり白ごま…大さじ1
水菜…1株
梅干し…1個
焼きのり…2枚

＋作り方
1. 小さなボウルに合わせ酢の材料を合わせてよくまぜ、塩をとかす。
2. 玄米ごはんを温かいうちに飯台か大きなボウルに入れ、1を回しかけて木べらで手早くあおりまぜて、ごまを散らす。
3. 水菜は洗って水けをよくきり、長さを半分に切る。梅干しは果肉をちぎる。
4. のりを4等分にし、2のすしめしをのせて水菜と梅干しをのせ、くるっと巻いて器に盛る。

アレンジのコツ
酢めしの作り方は白米の場合と同じ

玄米ごはんが熱いうちに、すし酢をまぜます。電子レンジで温めた玄米でもOK。

Part4 アレンジ編

手土産にしても喜ばれそうな、れんこんの花咲く玄米ずし

Menu 006

五目ちらし玄米ずし 351kcal

✚ 材料（3〜4人分）
玄米…2カップ
高野豆腐…1枚
カットタイプ干ししいたけ…10枚
れんこん…1/2節（80g）
にんじん…1/2本（80g）
A ┌ 酢…50ml　砂糖…大さじ1.5
　 └ 塩…小さじ1/3
B ┌ だし…1/2カップ　しょうゆ…小さじ1
　 └ みりん…大さじ1　塩…小さじ1/4
C ┌ 塩…小さじ1/6
　 │ 薄口しょうゆ…小さじ1/5
　 └ みりん…大さじ1　だし…大さじ3
赤梅酢…大さじ1/2　三つ葉…少々

✚ 作り方
1 玄米は1.4倍の水加減で炊く。
2 炊きあがった玄米にAを回しかけ、さっくりとまぜておく。
3 干ししいたけは水に10分ほど浸してもどす。高野豆腐は水に浸してもどし、水けをきつくしぼってすりおろす。小鍋に入れてBを加え、弱火にかけてぽろぽろになるまで煎る。
4 れんこんは薄い輪切りにして飾り用に半量とりおく。残りは1.5cm角に刻む。にんじんとしいたけは2cm長さの細切りにする。飾り用のれんこん以外を鍋に合わせ、Cを加えて汁けがなくなるまで煮る。
5 飾り用のれんこんは熱湯でさっとゆで、梅酢をからめる。
6 2のすしめしに4の具を加えてさっくりとまぜ、器に盛る。上に3のそぼろを散らし、5の梅酢に染まったれんこんを添え、三つ葉をざく切りにして散らす。

おかゆアレンジ

おなかの調子が悪いときは、水分たっぷりのおかゆにして消化よく。体も芯から温まります。

Menu 007

長いもとクコの実の薬膳風おかゆ

199 kcal

✚ 材料（2人分）
玄米…1/2カップ
長いも…100g
クコの実…大さじ1
塩…少々

✚ 作り方
1. 玄米はたっぷりの水につけて3時間〜一晩浸す。
2. 炊く直前に水けをきって厚手鍋に移し、5〜10倍の水（2.5〜5カップ）を加えて火にかける。鍋底に玄米がくっつかないように底からまぜ、湯げが立ってきたら蓋をして煮る。煮立ってきたら火を弱めて蓋をずらしてかけ、ふきこぼれない程度の弱火にして1時間炊く。
3. 長いもは皮をむいて輪切りにし、おかゆが炊きあがる直前に加える。洗ったクコの実も加え、やわらかくなるまで煮る。
4. 最後に塩を振り入れて味をととのえ、粘りけが出ないようにさっとまぜる。

消化のよさにプラスして、長いもとクコが疲れを癒やします

Part4 アレンジ編

きびがもちもち
さつまいもの甘みじんわり

Menu 008

きび入りさつまいも玄米がゆ

236 kcal

＋ 材料（2人分）
玄米…1/2カップ
もちきび…大さじ1
さつまいも…100g
塩…少々

＋ 作り方
1. 玄米はたっぷりの水に3時間～一晩浸す。
2. 玄米の水けをきって厚手鍋に入れ、きびをまぜる。水を2.5～5カップ注ぎ、火にかける。鍋底に玄米やきびがくっつかないように底からまぜながら煮る。煮立ったら蓋をずらしてかけ、吹きこぼれない程度の弱火にして1時間炊く。
3. さつまいもは1cm厚さのいちょう形に切り、2に加えてやわらかくなるまで煮、塩で味をととのえる。

アレンジのコツ
ふきこぼれやすいので蓋を調節して炊いて

おかゆを炊くときは、普通に炊くときよりも水分が多いので、吹きこぼれに注意。ごく弱火にしても吹きこぼれるようなら、蓋をずらして蒸気を逃がします。

リゾット アレンジ

水分が多いリゾット、雑炊風のアレンジは、うまみのあるスープたっぷりで体を温めます。

Menu 009　305kcal

ロールキャベツ玄米リゾット

＋ 材料（2人分）
玄米ごはん…300g
キャベツ…4枚（150g）
玉ねぎ…1/3個（50g）
しょうゆ…大さじ1
塩…少々
だし…3カップ
ブロッコリー…2〜3房（60g）

＋ 作り方
1. なべにだしを煮立ててキャベツを大きいまま入れ、蓋をして5分ほど蒸し煮にする。
2. キャベツをとり出してあら熱がとれたらまないたに1枚ずつ広げ、芯をそぐ。玄米ごはんを1/4量ずつのせ、そいだ芯や葉の切れ端などものせて左をたたんでクルクルと巻き、最後に右を折り込んで閉じる。
3. だしの入った鍋にロールキャベツを並べる。玉ねぎを薄切りにして散らし、しょうゆと塩で調味し、火にかける。煮立ったら落とし蓋をし、弱火で15分煮る。
4. ブロッコリーを小房に分けて散らし、さらに3〜4分煮て火を通す。

キャベツのやさしい甘みを玄米が吸い込んだ温かリゾット

キャベツは芯のほうを手前に広げてごはんをのせ、そいだキャベツの芯や葉の切れ端なども一緒に包んで。

Part4 アレンジ編

小松菜の色はきれいなだけじゃなく
ビタミン・ミネラル優秀な緑

Menu 010

357kcal (1人分)

小松菜の玄米リゾット

アレンジのコツ

**煮る前に玄米を
いためるからつけおき時間0分**

パエリアと同じく、つけおき時間0分で作れます。水分量と煮る時間によって、好みのかたさに調節して。ロールキャベツリゾットは、炊いた玄米を使うので、さらに水分を含んでやわらかくなります。

+ **材料（2人分）**
玄米…1カップ
玉ねぎ…1/4個（40g）
小松菜…1/2わ（150g）
塩…小さじ1/3
オリーブ油…小さじ2
コンソメ顆粒…小さじ1

+ **作り方**

1 玄米は洗ってざるに上げる。玉ねぎはみじん切りにし、小松菜は1cmに刻む。

2 厚手鍋に油を熱して玉ねぎをいため、しんなりしたら玄米を加えてざっといためる。油が回って米につやが出たら、水1カップを注ぎ、コンソメを振り入れる。

3 煮立ったら弱めの中火にして蓋をせずに煮る。汁けがなくなったら水1.5カップを2〜3回に分けて加え、全体で30分煮る。

4 塩を加えて小松菜を加え、さっとまぜながら煮る。しんなりしたら蓋をして15分蒸らす。

おにぎらずアレンジ

人気のおにぎらず、玄米ごはんでもできます！
たっぷりはさめる具は和洋中なんでもOK。

Menu 011

具だくさん玄米おにぎらず

+ 作り方

1 具を用意する。各レシピは左ページ参照。

+ 共通材料(2個分)
玄米ごはん…170g
のり全形…1枚

もっちりめに炊いた玄米を
サンドイッチ感覚で食べたい！

2 ラップを敷いた上に半分に切ったのりを置く。その上にごはんを平らに広げる。のりの端からはみ出さないように。

3 具を2の向こう半分にのせる。

4 ラップごとたたみ、軽く締めるようにしてラップで密封する。

アレンジのコツ

玄米は浸し時間長めのもっちり炊いたものを

おにぎりと違い、ぎゅっとにぎらずに仕上げるので、ごはんがかためだとバラバラしてまとまらないことも。圧力鍋を使ったり、玄米の浸し時間と蒸らし時間長めの、やわらかく炊いたごはんが向いています。

Part4 アレンジ編

豚キムチのおにぎらず

227 kcal (1個)

✚ 材料
豚薄切り肉…50g
キムチ…30g
ねぎ…5cm
サニーレタス…1枚
油…少々

✚ 作り方
1. 豚肉は一口大に切り、ねぎは小口切りに、キムチは1cm程度に刻む。
2. フライパンに油を熱して1をいためる。
3. のりにごはんを広げ、向こう半分にちぎったサニーレタスと2の半量をのせて、たたむ。

ベーコンエッグおにぎらず

326 kcal (1個)

✚ 材料
卵…1個
A ┌ 牛乳…大さじ1
  └ 塩・こしょう…各少々
ベーコン…2枚
スライスチーズ…2枚
サラダ菜…2枚
油…少々

✚ 作り方
1. 卵はほぐしてAで味をととのえ、油を熱しスクランブルドエッグにする。ベーコンは半分に切ってさっといためる。チーズは半分に折って重ねる。サラダ菜は4枚に切る。
2. のりにごはんを広げ、向こう半分に1を重ねてのせて、たたむ。

💬 なめらかチーズと玄米がおいしい

ツナきんぴらマヨおにぎらず

356 kcal (1個)

✚ 材料
ツナ缶…小1缶
にんじん…1/10本（15g）
ごぼう…10cm（35g）
A ┌ しょうゆ…大さじ1/2
  │ みりん…大さじ1
  └ 酒または水…大さじ2
いり黒ごま…少々
ごま油…小さじ1
青じそ…2枚
マヨネーズ…適量

✚ 作り方
1. にんじんとごぼうは細切りにして油でいため、Aで調味してきんぴらにし、ごまを加える。
2. のりにごはんを広げ、向こう半分に1と、ほぐしたツナとマヨネーズをまぜたもの、青じそを重ねてのせて、たたむ。

💬 シャッキリしたきんぴらがマヨに合う♪

いわしのかば焼き缶

269 kcal (1個)

✚ 材料
いわしのかば焼き缶
　…1缶（約100g）
きゅうり…1/2本
ルッコラ1株または
　青じそ…2枚

✚ 作り方
1. きゅうりは細切りにし、ルッコラはざく切りにする。
2. のりにごはんを広げ、向こう半分に1といわしのかば焼きをのせて、たたむ。

- 109 -

お好み焼き風アレンジ

小麦粉や野菜を玄米ごはんとまぜて焼くお好み焼きやチヂミ。
たれを、ひと工夫して好みの味にも。

Menu 012

ブロッコリーとかぼちゃの玄米お焼き&豆苗ののりあえ 308kcal

豆苗ののりあえ

＋ 材料（2人分）
豆苗…150g
焼きのり…1枚
しょうゆ…大さじ1/2

＋ 作り方
1 豆苗は熱湯でさっとゆで、水にとってしぼる。
2 のりはこまかくちぎってもみのりにし、しょうゆをまぜて豆苗をあえる。

ブロッコリーとかぼちゃの玄米お焼き

＋ 材料（2人分）
玄米ごはん…200g
ブロッコリー…1/2株（80g）
かぼちゃ…100g
玉ねぎ…1/3個（50g）
小麦粉…大さじ2
塩…少々
植物油…適量
紅しょうが（無着色）…適量

＋ 作り方
1 ブロッコリーは小房に分ける。かぼちゃは一口大に切る。玉ねぎは縦にくし形に切る。
2 フライパンに1を入れて水1/4カップを回しかけ、火にかける。煮立ったら蓋をし、弱火で10分ほど蒸し焼きにする。野菜がやわらかくなったら蓋をとり、全体に軽く塩を振って余分な水分をとばす。
3 玄米ごはんをボウルに入れて小麦粉と水大さじ2を加え、野菜を加えてフォークの先などで軽くつぶしながらまぜる。
4 フライパンに油をなじませ、3を一度に入れて表面を平らにならす。弱火でじっくりと焼き、縁が乾いてきたら裏返して反対側もじっくりと焼く。竹ぐしなどを刺して何もつかなければ火が通っている。
5 食べやすく切って器に盛り、紅しょうがを添える。

アレンジのコツ

玄米のぷちぷち感をそのまま生かして

小麦粉をつなぎにまぜるのは玄米だんごも同じですが、お好み焼きアレンジでは、玄米の粒感を生かすようにしてみて。かみごたえのある仕上がりに、マヨネーズや甘辛いソースをつけても。

Part4 アレンジ編

玄米ごはんがあれば、すぐできる！
ソースやマヨネーズをトッピングしても

Menu 013

お好み焼き風アレンジ

玄米とれんこんのもっちりチヂミ 312kcal

✚ 材料（2人分）
玄米ごはん…250g
れんこんのすりおろし…100g
にら…1/2わ（50g）
ねぎ…1/2本
カットわかめ…5g
紅しょうが…20g
塩…少々
ごま油…大さじ1

✚ 作り方
1. にらはざく切りにする。ねぎは縦半分に切って斜めに薄く切る。
2. 玄米ごはんにおろしれんこんを加えてまぜ、にら、ねぎ、乾燥のままのわかめを順に加えてよくまぜる。最後に紅しょうがを加えて塩で調味する。
3. フライパンに油を熱し、2を玉じゃくしで一口大ずつ落とし、へらで押さえて平らにならし、両面を香ばしく焼く。

にらとごま油の味で韓国風に。
ビールやマッコリにも合いそう！

Part4 アレンジ編

サラダアレンジ

玄米ごはんをドレッシングであえて、デリ風のメニューに。洋風ずし感覚でどうぞ。

Menu 014　+425kcal

ミックス豆のライスサラダ

おしゃれデリごはん風だけど、豆と合わせて栄養バランスもカンペキ！

＋ 材 料（2人分）

玄米ごはん
　（あたたかいもの）…300g
ミックス豆（缶詰）…100g
玉ねぎ…1/3個（50g）
A ┃ 酢…大さじ1.5
　 ┃ オリーブ油…大さじ1.5
　 ┃ 塩…小さじ1/4
　 ┃ こしょう…少々
　 ┃ レタス…少々

＋ 作り方

1. 玉ねぎはみじん切りにする。
2. 大きなボウルに**A**を合わせてよくまぜ合わせ、玉ねぎを加え、少しおいてなじませる。
3. ミックス豆は缶汁があればきり、温かい玄米ごはん（冷凍を解凍したものでもOK）とともに**2**のボウルに入れてさっくりとまぜる。
4. レタスを一口大にちぎって**3**を包むようにして盛りつける。

アレンジのコツ

温かい玄米ごはんにドレッシングをさっくりまぜて

手順はすしアレンジ（P102）と同じです。すし酢のかわりにドレッシングを、温かい玄米ごはんに手早くまぜます。こうすることで、酢のツンとくるにおいがとび、まろやかな味に。

焼きおにぎりアレンジ

みそが焼ける香ばしい香りが玄米ごはんにぴったり。お箸いらずのお弁当に仕立てました。

Menu 015

三色焼きおにぎり弁当　495 kcal

ほっくり温野菜の串刺し

+ 材 料（2人分）

にんじん…小1/2本（50ｇ）
ごぼう…15㎝（50ｇ）
れんこん…1/4節（40ｇ）
だし…1カップ
塩…小さじ1/2

+ 作り方

1　にんじん、ごぼう、れんこんを乱切りにする。
2　だしに塩を加えて1を入れ、やわらかくなるまで15分ほど煮て火を止め、蓋をしてあら熱がとれるまでおく。
3　汁けをきって串に刺す。好みでみそや塩を添えても。煮汁はスープとして飲んでも。

長いものすし酢漬け

+ 材 料（2人分）

長いも…80ｇ
すし酢…大さじ1

+ 作り方

長いもは拍子木形に切り、すし酢に漬けて30分以上おいて味をなじませる。

三色焼きおにぎり

+ 材 料（2人分）

玄米ごはん…300〜350ｇ
梅干し…小2個
A ［ すり黒ごま…大さじ3
　　 みそ…大さじ1/2 ］
B ［ ねぎ…1/3本
　　 みそ…大さじ2 ］
塩…適量

+ 作り方

1　玄米ごはんは3等分する。1/3は塩を手につけて2個の三角おにぎりにし、それぞれ中央に梅干しをのせる。
2　1/3のごはんにAをまぜ、軽くつぶすようにしながら2個の円形ににぎる。
3　残り1/3のごはんは2個の円形ににぎる。
4　Bのねぎはみじん切りにしてみそとまぜ、3の上に平らに塗りつける。
5　フライパンを熱して1、2、4を並べ、両面をこんがりと焼く。
6　弁当箱に詰め、市販のしいたけこんぶを添える。

アレンジのコツ

玄米を焼くには
テフロン加工のフライパンが◎

玄米ごはんはオーブントースターで焼くとかたくなりすぎ、ガス火に焼き網をのせて焼くとバラけてしまいます。テフロン加工のフライパンか、クッキングシートを敷いたフライパンで焼くときれいに仕上がります。

Part4 アレンジ編

青く澄んだ空の下で食べたい
香ばしい焼きおにぎり弁当

玄米だんごアレンジ

玄米ごはんをつぶして小麦粉でこねてだんごに。
ことこと煮込んで冬にぴったり。

Menu 016

「玄米だまっこ」煮込み＆かぼちゃの塩いとこ煮

468 kcal

かぼちゃの塩いとこ煮

+ 材 料（2人分）
あずき（乾燥）…1/4カップ
かぼちゃ…100g
だしこんぶ…少々
塩…少々

+ 作り方
1 あずきはサッと洗って水1.5カップ、だしこんぶとともに火にかけ、煮立ったら弱火にして蓋をし、やわらかくなるまで煮る。
2 かぼちゃは3〜4cm角に切る。
3 あずきが指先で軽くつぶれるようになったらかぼちゃを加え、煮汁がひたひたになるように水を足し、かぼちゃに火が通るまで煮る。
4 塩を加えて調味する。

アレンジのコツ

玄米ごはんに小麦粉をまぜてつぶすだんご
だんご状にするのは、一見むずかしそうですが、玄米ごはんに小麦粉をまぜてつぶして丸めるだけ。表面を焼いておくと煮くずれしにくくなり、香ばしさもプラスされておいしくなります。

ロール白菜とだまっこの煮込み

+ 材 料（2人分）
白菜…大3枚
ゆば（もどして）…80g
春菊…少々
大根…40g
ねぎ…10cm
だし…2.5カップ

A｜薄口しょうゆ…大さじ1
　｜みりん…大さじ1/2
塩…少々
だまっこ
　｜玄米ごはん…250g
　｜小麦粉…大さじ1
　｜塩…少々

+ 作り方
1 鍋にだしを温めて白菜を大きいまま入れ、蓋をして5〜6分、しんなりするまで蒸し煮にし、汁けをきってまないたにとり出す。
2 白菜のあら熱がとれたらゆばを外側に重ねて端からクルクルと巻く。
3 大根は1.5cm厚さの半月形に切る。ねぎは5cm長さのぶつ切りにする。
4 1のだしをAで調味し、ロール白菜と大根を並べて入れる。煮立ったら弱火にして蓋をして煮る。途中でねぎを加えて合計で15分ほど煮る。
5 だまっこを作る。玄米ごはんは温かいうちに小麦粉を加えてすりこ木の先などで突いてつぶしながらまぜ、塩を加えて6〜8等分してだんごに丸める。
6 油を引かないフライパンで焼くか、もち焼き網にのせて直火で両面をこんがりと焼く。
7 4の白菜と大根がじゅうぶんにやわらかくなったらだまっこ、ざく切りにした春菊を加えてひと煮する。

Part4 アレンジ編

あったか〜い玄米だまっこ、
煮ながら食べてもおいしい

Column

「玄米茶漬け」でほっこりしたい♡

しっかりかんで食べるなら、お茶漬けは手軽に食べられ、体も温まって、いいものです。できれば、ただお茶をかけただけでなく、お茶で煮込んで消化をよくして食べるともっといいでしょう。「今夜はもうちょっと、家で仕事を頑張らなくちゃ！」というときの夜食にも合いそうです。お茶やだしをかけただけの玄米お茶漬けは、よくかんで食べることが必須なので、ある意味、玄米上級者メニューともいえそうです。

Menu 017 152kcal

玄米を香ばしい番茶で炊いた「お茶漬け風」

梅茶がゆ

+ 材料（2人分）
玄米…1/2カップ
梅干し…2個
番茶（煎じたもの）…2.5〜5カップ
塩…少々

+ 作り方
1 玄米はたっぷりの水に3時間〜一晩浸す。
2 水けをきって厚手鍋に1を移し、あら熱がとれた番茶を注ぎ、火にかける。底からかきまぜて温まってきたら蓋をして煮る。煮立ったら蓋をずらしてかけ、吹きこぼれない程度の弱火にして1時間炊く。
3 塩で味をととのえて、器に盛って梅干しやあれば梅干しの赤じそをのせる。

MEMO

お茶以外にだしでもおいしい

玄米に合わせるのは、ほうじ茶や番茶などがおすすめ。煎茶は、玄米の鉄分の吸収をタンニンが妨げてしまうので、あまりおすすめしません。また、かつおだしをかけるのも上品な味わいに。

具も、梅干し以外に、おかかやこんぶ、鮭フレークなども。おにぎりの具（P34）を利用するのもおいしいです。

Epilogue

玄米
まとめ

おしまいに、玄米ごはん生活のまとめを。
初めて炊いて食べてみた！ルポもあります。
ずっとおいしく食べ続けてね♪のメッセージです。

公開！リアル玄米ライフ

玄米食始めたら、いいことありました♪

玄米を続けて食べたらどんな変化が起こる？ 2人にトライしてもらいました。食べ始めて2週間後の変化とは……？

OL代表　廣渡 彩さん（29才）

「炊くのは意外とカンタン。玄米は腹もちがよくて、間食が減りました！」

ひとり暮らしで、仕事は事務職。スポーツが大好き、フルマラソンも走る。

朝ごはんにおかゆやおにぎりを

おにぎりにジュース、意外に合います（笑）。早起きできて余裕があるときは、朝はおかゆを食べたり。これはレトルトでしたけどね。

平日ランチは基本、玄米弁当に

冷凍しておいた玄米を解凍し、おかずは適当に。それだけですが、野菜のおかずがふえた気がします。

タイマー仕掛けたら、炊くのはカンタン

始める前は「めんどくさそう」っていうイメージがあったけど、実際には白米を炊くのと、あんまり変わらないと思いました。夜、炊飯器にセットして朝炊けるようにしていたので、朝、炊きたて玄米を食べていました。夕飯はなるべく炭水化物抜きにしているので、朝と昼の玄米食。朝は、おにぎりにして会社に持っていって食べたり、家ならレトルトおかゆを食べたり。昼はおかずと一緒にお弁当にして会社に持っていってます。

食事自体が健康になって、便秘と冷えが改善

これまで、朝食というと、コンビニで買うパンとコーヒーという生活だったけど、家を出る前に「朝ごはんを食べよう」という気持ちが出てきました。合わせるおかずも、意識して野菜を多めにとか考えたり、健康意識が芽生えたみたいです（笑）。もともと、十穀米とか押し麦をまぜたごはんとか大好きなので、食べること自体は抵抗感はありません。むしろ、よくかむことを意識するようになりました。そのせいか、これまで同じボリュームのお弁当でも腹もちがよくて、間食の量は減りました。いちばんの変化は、お通じがよくなったこと！ 以前は1日おきが通常ペースだったのが、今は毎朝です。それと、指先の冷えを感じなくなりました。以前は、仕事でキーボードを打っていると「指先が冷たいなー」と感じることがあったのが、なくなりましたよ。

DATA

玄米チャレンジ日数
2週間

食べた頻度
朝と昼どちらか、毎日

玄米ごはん歴
十穀米とかは好きだけど、自分で炊くのは初

食べる前のイメージ
食べるのは好きだけど、うまく炊けるかな？

玄米効果

- よくかんで食べる習慣がついた
- 便秘解消
- 手指が冷えなくなった
- 間食が減った

主婦代表 **沼 寛子** さん（38才）

「玄米を始めてから、ひどかったアトピーがよくなりました！」

専業主婦。1才半の息子と夫と3人暮らし。飛行機に乗る旅行が好き。

スパイシーなおかずがいちばん合う！

コストコのバターチキンカレーがすごく合いました。あと、タコライスもおいしい。和風イメージ、払拭しました。

かために炊いた玄米が好き。意外とどんなおかずにも合う！

玄米はこれまでも炊いたこと、あります。でも白米にまぜて炊くようなタイプだったので、本格的にはこれが初めて。昼ごはんのあとに浸してタイマーをかけておいたので、特にめんどうなことも、時間がかかる感じもありませんでした。味というか食感は好きです。かために炊くのが好き。けっこうおかずはなんでも合いますね、刺し身以外は（笑）。白米と変わらない感覚で食べています。特に、カレーとかタコライスとか、スパイシーなものと合わせるとおいしい！ インスタントのトムヤムクンの、残ったスープに玄米を入れてみたのもおいしかったです。

パパも玄米好きに。お弁当にもしました

男の人は玄米が苦手な人が多いと聞くけど、うちは好きみたい。夫のお弁当にも玄米です。1才半の息子も、実は玄米が好き。おなかをこわしたりもしませんよ。

雑炊は、ごはんがべちゃっとしなくていい！

雑炊にして煮込んでもごはんがべちゃべちゃにならないところがいい！ 米粒が煮くずれしてのり状になってしまうのはあんまり好きじゃないんです。

季節の変わり目で悪化するアトピーがよくなった

食べたことでの変化、いちばん感じたのは肌です！ 生まれたときからアトピーがひどくて、特に季節の変わり目はかゆくてじゅくじゅくになってしまうほど。ちょうど玄米を始める直前がひどかったんですが、それが1週間くらいで、自分的にいいレベルになりました。カサカサはあるけど、化粧ができるくらいまでになったんです。それがいちばんよかった！ ハードな便秘症でもあるんですが、それはあまり変化なし、でしたけどね。しばらく続けて、課題の産後ダイエットもできるといいな、と期待中です！

おにぎりは塩で！

おにぎりにするのもおいしいですが、わが家では梅干しとは合わない、という意見に。むしろシンプルな塩おにぎりがいちばんおいしく感じました。

DATA

玄米チャレンジ日数
2週間

食べた頻度
昼と夕飯、ほぼ毎日

玄米ごはん歴
食べたことはあるけど、続けて食べたことはなし

食べる前のイメージ
嫌いじゃないけど、めんどうくさいかも？

玄米効果

- 午後の家事効率UP
- アトピーがよくなった
- つま先の冷え解消

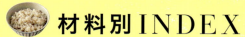

材料別INDEX

家にある材料で、玄米に合うおかずを作りたいときのための素材引きINDEXです。

にんじん
- キャロットラペ・オレンジプラス ……………… 44
- ゴロゴロにんじんと里いものこんぶ煮 ……… 46
- ごま油が効いたけんちん汁 …………………… 46
- 大根とにんじんの即席麦みそ漬け …………… 62

ごぼう
- たたきごぼうのごま酢あえ …………………… 68
- キャベツとひじきのごぼうチャーハン ……… 98
- ほっくり温野菜の串刺し ……………………… 114

その他根菜
- 根菜たっぷりの押し麦スープ ………………… 93
- おろしかぶら汁 ………………………………… 94

青菜
- 青梗菜とおつゆ麩のごまあえ ………………… 46
- ベビーリーフのプチサラダ …………………… 52
- 小松菜と麩のみそ汁 …………………………… 54
- 菜の花の塩こんぶあえ ………………………… 60
- 小松菜のチャンプルー ………………………… 73

いも類
- 長いものすし酢漬け …………………………… 114
- 長いもとめかぶのスープ ……………………… 44
- ゴロゴロにんじんと里いものこんぶ煮 ……… 46
- 里いもとキャベツの豆乳チャウダー ………… 89
- さつまいもの具だくさんさつま汁 …………… 91
- 里いもとなめこのみそ汁 ……………………… 92
- 長いもとクコの実の薬膳風おかゆ …………… 104

野菜

キャベツ
- せん切りキャベツのコンソメスープ ………… 42
- キャベツとわかめのサッパリしょうが酢あえ …… 50
- アスパラのキャベツ巻き ……………………… 77
- キャベツのソテー・くるみソース …………… 78
- 里いもとキャベツの豆乳チャウダー ………… 89
- キャベツとひじきのごぼうチャーハン ……… 98
- ロールキャベツ玄米リゾット ………………… 106

かぼちゃ
- かぼちゃの塩いとこ煮 ………………………… 116
- かぼちゃとプチトマトのみそ汁 ……………… 40
- かぼちゃと豚肉のスパイシーカレー ………… 42
- かぼちゃと枝豆のうま煮 ……………………… 67
- かぼちゃと松の実のソテー …………………… 72
- かぼちゃのレーズンサラダ …………………… 79
- ブロッコリーとかぼちゃの玄米お焼き ……… 110

れんこん
- れんこんとこんぶのつくだ煮風 ……………… 62
- れんこんのムニエル・黒酢ソース …………… 84
- れんこんと小松菜のもちもちお焼き ………… 85
- 玄米とれんこんのもっちりチヂミ …………… 112

大根、切り干し大根
- 干しゆばと切り干し大根のスープ …………… 90
- シャキシャキ大根のすまし汁 ………………… 48
- 大根とにんじんの即席みそ漬け ……………… 62
- ほうれんそうと切り干し大根のごまあえ …… 69
- 大根の皮のしょうが漬け ……………………… 74
- 生ゆばと大根のさっぱり梅あえ ……………… 81

肉と魚

ふっくらジューシーしょうが焼き	40
かぼちゃと豚肉のスパイシーカレー	42
鮭ときのこのフライパン蒸し	44
アボまぐろとろろどんぶり	48
チキンのトマト煮	52
照り焼きチキン	56
卵とろとろオムライス	58
具だくさん玄米おにぎらず	108

まぜごはんや、雑炊風の玄米の食べ方も、たくさんご紹介しています。玄米だけ、の食べ方から変化をつけたいときに、どうぞ。

まぜごはん

あずきと押し麦の炊き込みごはん	33
黒米と黒豆の炊き込みごはん	33
あずき入り玄米ごはん	46
押し麦入りごはん	50
ひじきの炊き込みごはん	54
赤米入り玄米おにぎり	60
プリプリえびの玄米パエリア	96

おかゆ、スープごはん系

玄米の10倍がゆ	62
里いもとクコの実の薬膳風おかゆ	104
きび入りさつまいも玄米がゆ	105
ロールキャベツ玄米リゾット	106
小松菜の玄米リゾット	107
梅茶がゆ	118

豆類

豆

あずきと押し麦の炊き込みごはん	33
黒米と黒豆の炊き込みごはん	33
あずき入り玄米ごはん	46
かぼちゃと枝豆のうま煮	67
レンズ豆とセロリのスープ	70
おからの五目煮	71
大豆のミネストローネ	80
白いんげん豆とカリフラワーのサラダ	82
大豆のハンバーグ	87
ミックス豆のライスサラダ	113

豆腐、高野豆腐、ゆば、おから

生ゆばと大根のさっぱり梅あえ	81
高野豆腐と海藻の中国風サラダ	75
根菜たっぷり煎り豆腐	86
高野豆腐の野菜あんかけ	88
里いもとキャベツの豆乳チャウダー	89
干しゆばと切り干し大根のスープ	90

その他の野菜おかず

オクラのおひたし	56
ひじきサラダ	56
えのき入りクリーミーコーンスープ	58
せりと油揚げのみそ汁	60
菜の花の塩こんぶあえ	60
茎わかめと豆もやしのしょうがいため	76
なすと青じそのみそ汁	92
とうもろこしのポタージュ	93
レタスとしょうがのすまし汁	94

おいしい玄米ごはんで、健康美人になりましょう

玄米ごはんを初めて食べた翌日、

「ああ、私の体にはこんなにたまったものがあったのね」と感じたのではないかしら。

腸の中がすぽっと抜け出たような、最高の爽快感。いや、本当に最高です。

疲れが抜けない、なんとなく重だるい不調が続く、週末の休養デトックス、

そして、もう一息頑張らなくちゃいけないとき。

そんなとき、私が頼るのはいつだって玄米ごはんです。

もちろんすべての人に効果があるとはいえませんし、体に合わない場合もありますが、

続けるほどに「疲れにくくなった」「肌の状態も変わってきたみたい」「体が軽い」

と、多くの人が現実的な効果を実感できるのも玄米ごはんです。

かみしめるほどに香ばしい甘みが広がり、それだけでもじゅうぶん満足できるおいしさ。

白米に比べると、炊くのに少しだけ時間が必要ですが、

めんどうだと感じるなら数日分まとめて炊いて冷凍すれば大丈夫。

浸水時間を調節すれば、体調や好みに合わせたやわらかさに炊きあげることも簡単です。

私たちの体のすべては毎日の食事でできています。

体が必要とするものを必要な量だけ食べ、体を動かすことが、

健康にも美容にもなにより大切なのは誰もが知っていることだけれど、

そうはうまくはいかないのもご存じのとおり。

お茶わん一杯の玄米ごはんは、そんな私たちを体の中からがっしりサポートしてくれます。

おいしい玄米ごはんで、健康美人になりましょう。

石澤清美

石澤清美

料理研究家。出版社勤務を経て、料理研究家として独立。国際中医師・国際中医薬膳師、Nutrition Therapy Institute（NTI）認定栄養コンサルタント。身近な素材を使った体にいい家庭料理やお菓子に定評がある。著書多数。

STAFF

撮影	松木 潤（主婦の友社写真課）、山田洋二、南雲保夫
スタイリング	板橋きよ美
栄養計算	新 友歩
デザイン・イラスト	岩﨑亜樹
校正	小島克井
取材・文	関川香織
編集デスク	三宅川修慶（主婦の友社）
編集	山口香織（主婦の友社）

Ⓡ〈日本複製権センター委託出版物〉
本書を無断で複写複製（電子化を含む）することは、著作権法上の例外を除き、禁じられています。本書をコピーされる場合は、事前に公益社団法人日本複製権センター（JRRC）の許諾を受けてください。
また本書を代行業者等の第三者に依頼してスキャンやデジタル化することは、たとえ個人や家庭内での利用であっても一切認められておりません。
JRRC〈 http://www.jrrc.or.jp　eメール：jrrc_info@jrrc.or.jp　電話：03-3401-2382 〉

■乱丁本、落丁本はおとりかえします。お買い求めの書店か、主婦の友社資材刊行課（電話03-5280-7590）にご連絡ください。
■内容に関するお問い合わせは、主婦の友社（電話03-5280-7537）まで。
■主婦の友社が発行する書籍・ムックのご注文は、お近くの書店か主婦の友社コールセンター（電話0120-916-892）まで。
＊お問い合わせ受付時間
月〜金（祝日を除く）　9：30〜17：30
主婦の友社ホームページ
http://www.shufunotomo.co.jp/

た-011001

おいしい！カンタン！
玄米（げんまい）ごはん 105 レシピ

著者	石澤清美（いしざわきよみ）
発行者	荻野善之
発行所	株式会社主婦の友社
	〒101-8911
	東京都千代田区神田駿河台2-9
	電話　03-5280-7537（編集）
	03-5280-7551（販売）
印刷所	大日本印刷株式会社

本書は「決定版おいしいマクロビオティックごはん」「体にやさしいマクロビオティックごはんおいしいレシピ」より一部記事転載しています。

©Kiyomi Isizawa 2015　Printed in Japan
ISBN978-4-07-403347-8